卓有成效的招聘管理

[美] 马克·霍斯特曼（Mark Horstman）◎著

何伟◎译

招聘对一个组织的长期发展至关重要。唯一比职位空缺更糟糕的事，就是招错了人。高效的招聘经理会设计一个行之有效的流程来解决这些问题，并帮助团队和组织蓬勃发展。这一流程的基本环节包括：招聘和面试的基本原则，如何创建招聘标准，如何设计优秀的面试问题，如何看简历，如何处理电话，如何安排面试日，如何进行每次面试，如何获取面试结果，如何发出 offer，如何拒绝应聘者。

本书作者马克·霍斯特曼是管理者工具箱（Manager Tools）公司的联合创始人，也是一位管理培训专家。书中探讨了为合适的团队、合适的工作雇到合适的人所需要的有效的细节。

The Effective Hiring Manager

By Mark Horstman.

Copyright ©2020 by Manager Tools Publishing LLC.All Rights Reserved.

This translation published under license. Authorized translation from the English language edition, entitled *The Effective Hiring Manager*, ISBN 978-1-119-57432-3, by Mark Horstman, Published by John Wiley & Sons. No part of this book may be reproduced in any form without the written permission of the original copyrights holder.

北京市版权局著作权合同登记　图字：01-2020-0403 号。

图书在版编目（CIP）数据

卓有成效的招聘管理/（美）马克·霍斯特曼（Mark Horstman）著；何伟译. —北京：机械工业出版社，2020.11
书名原文：The Effective Hiring Manager 1st Edition
ISBN 978-7-111-67195-4

Ⅰ.①卓… Ⅱ.①马… ②何… Ⅲ.①企业管理－招聘 Ⅳ.①F272.92

中国版本图书馆 CIP 数据核字（2021）第 005343 号

机械工业出版社（北京市百万庄大街 22 号　邮政编码 100037）
策划编辑：李新妞　　责任编辑：李新妞　李佳贝
责任校对：李　伟　　责任印制：张　博
三河市国英印务有限公司印刷
2021 年 1 月第 1 版第 1 次印刷
170mm×242mm・12.75 印张・1 插页・175 千字
标准书号：ISBN 978-7-111-67195-4
定价：69.00 元

电话服务　　　　　　　　　　　网络服务
客服电话：010-88361066　　　机　工　官　网：www.cmpbook.com
　　　　　010-88379833　　　机　工　官　博：weibo.com/cmp1952
　　　　　010-68326294　　　金　　书　　网：www.golden-book.com
封底无防伪标均为盗版　　　机工教育服务网：www.cmpedu.com

推荐语

在我担任陆军军官、高级管理人员和董事会成员的职业生涯里，我一直把口述读书报告作为一种有效提升下属潜力和一致性的手段。《卓有成效的招聘管理》不仅是一本必读书，它还是我所在公司集体阅读的一本重点书。这本书提升了我对公司所有重要内容的认知。不要只是不假思索地做事，而是要做真正重要的事，并正确地把它们做好。

——约翰·霍夫曼（John Hoffman），Pivotal Systems 公司董事长兼首席执行官

马克和管理者工具箱团队改变了我的生活，他们给了我成为一名优秀管理者所依赖的基本技能。如果你想做好招聘，就必须读这本书。

——瑞安·卡森（Ryan Carson），Tree House 首席执行官兼创始人

马克·霍斯特曼为大家带来了非常实用的技能，它可以对大部分管理者最重要的工作——如何雇用最优秀的人——马上有所帮助。这本书会极大地改变你对招聘流程的看法，重新思考如何才能真正地做好招聘。

——约瑟夫·德·亚历山德罗（Joseph D'Alessandro），费城学区赠款合规和财政服务部副主任

如果你真的想提高组织中专业人才的水平，《卓有成效的招聘管理》应该成为你的官方招聘指导手册。每个管理者都应该人手一本，把里面提到的流

程消化吸收，然后应用到实际工作中去。通过阅读、转发、练习这本书的内容，然后静待变化的产生。

——丹尼尔·麦奎尔（Daniel McGuire），
Arcturus 咨询服务有限责任公司管理合伙人

在国会山，招聘失误可不仅仅是人力资源问题，因为这可能导致政治灾难。马克揭开了招聘的秘密，制定了一个循序渐进的流程，预测了招聘的新挑战和变革可能遇到的抵制。如果你一开始就没有招聘到最优秀的人才，就不可能实现你的目标，留住最好的人才。

——马克·斯特兰德（Mark Strand），
美国国会研究所所长

这本书对所有管理者来说都是一本精彩、实用的书。不能因为有人离职了就招聘新员工——先要进行思考。这可能是你不付任何代价就降低成本的一个机会。拉着你的团队一同思考，哪些事情可以停下来不做——进行创造性的放弃。这是我团队所有管理者都要读的必读书目。

——阿南达·蓬南帕拉姆（Anandha Ponnampalam），
Publicis Sapient 副总裁，数字化变革负责人

无论你是经验丰富还是第一次担任管理者，都可以通过学习《卓有成效的招聘管理》中的建议，来让你的公司变得更好。马克·霍斯特曼对招聘过程中的每一步都提供了实用的指导。

——德克·范·德·本特（Dirk W van de Bunt,），
Guthy Renker Ventures 风险投资基金首席行政官兼总顾问

译者序

很荣幸能够担任这本书的翻译工作，我一直执着地希望能够做点贡献，把人力资源管理在实践方面的好想法、好做法传播给更多的人知晓。这本书无疑是这方面的优秀作品。作者马克·霍斯特曼是亚马逊畅销书作者，他的公司——管理者工具箱（Manager Tools）是一家对于管理十分精进的咨询公司，他们通过不断地实证、反思和积累，对于管理逐渐形成了自己非常深刻的独到见解。他们开播的"管理者工具播客"是苹果 Podcast 上全球排名靠前的商业播客，每月有超过 300 万次的下载量，可见其在国外受欢迎程度。

我认为这本书可能至少填补了市场上三方面的内容空白。

一、给出了招聘流程每一步内容的具体细节建议。作者在这本书中对于招聘实践的分享是非常无私的。内容细致到它会具体告诉你：a）在面试中询问候选人的时候，该记录哪些内容，才能把重点细节全部记录下来（第十八章）；b）当你做背景调查而候选人的原雇主公司又不配合的情况下，你该如何步步为营，把想知道的细节全部套取出来（第二十一章）；c）当你打算拒绝一位候选人时，你在电话里应该怎么说（第二十三章）。

可以说，这是本招聘实操手册。就算是一名 HR 新人，拿着这本书按图索骥，也可以轻松超越国内招聘官的平均水平。如果我刚入职场的时候就能看到这本书，真的可以少走很多弯路。

二、系统性地介绍了过来人独特的招聘心法。在信息爆炸的时代，要发表和获取信息都非常容易。但这也造成了人类的一个巨大的困扰，那就是"知识碎片化"。具备对某一专业方面的体系化认知，是非常稀缺的资源。关于招聘，我们曾看过太多的内容，貌似洋洋洒洒，但是其中内容互相冲突、矛盾不断。对于那些想要形成自己独特见解的人来说，这是很不利的。感谢马克的这本书，为我们提供了一个有价值的系统框架。

三、用实证和思考，破除了招聘的很多认知障碍。领教工坊的创始人肖知兴老师经常引用詹姆斯·马奇的说法，"学术知识（理论知识）""经验知识（实践知识）"和"经验（实践）"之间隔了两个太平洋，它们虽然逻辑相同，但实际上相去甚远。但是，在知识众创的互联网时代，这种认知差异居然被大家有意无意地忽视了：互联网上有很多其实并没有太多招聘实践的所谓专家，凭着自己不多的面试经历归纳出了许多所谓的"招聘面试宝典"。而这些"宝典"，因为迎合了部分使用者"走捷径、一步登天"的幻想而走俏。更可悲的是，有很多招聘官竟然也被这些广泛传颂的说法给误导了。

在这本书里，有很多类似观念被马克拨乱反正了。比如，全书中的招聘经理指的根本就不是HR；明确告诉大家，唯一高效的面试方法就是使用行为面试问题；强调招聘的重点是人岗比较，而不是在候选人之间进行比较；面试的关键不是搜集信息，而是通过流程和形式安排来落实决策责任等。还有很多内容，等着大家自己去探索。通过阅读本书，再结合自己的招聘体会，我相信大家能更加接近招聘的"道"。

当然，正因为这本书对于西方管理体系中招聘要求的研究实在是太透彻了，所以书中到处渗透着西方工业化管理的科哲和文化思维。而在我们国内，商业正经历着一些特殊的变化：海尔、小米等巨头企业一再提出组织量子化、平台化、生态化的发展理念；阿里巴巴对于价值观的管理引起众多效仿；音昱、胖东来、德胜等企业在尝试着用"共益、可持续、善意、认知进化"来替代传统的、财务观的组织价值逻辑。而这一切的深刻变化，都会逐渐改变组织对人才的评价维度，终究会颠覆我们传统的招聘认知和做法。

希望在不久以后，我们就能看到一本融合中西方管理新特点的著作。

何 伟

2020年4月于上海

目　录

推荐语
译者序

引言　招聘是最重要的管理实践　/ 1

第一部分　原则

第一章　高效招聘的第一原则：控制编制　/ 9
第二章　高效招聘的第二原则：提高标准　/ 14
第三章　高效面试的第一原则：学会质疑　/ 18

第二部分　准备

第四章　行为面试法及如何设定你的招聘标准　/ 27
第五章　设计行为面试问题　/ 36
第六章　行为面试问题的范例　/ 42

第三部分　筛选

第七章　如何筛选简历　/ 45
第八章　如何通过社交媒体对候选人进行再次筛选　/ 66
第九章　如何通过打电话来筛选应聘者　/ 70
第十章　如何请人力资源部代为打电话筛选候选人　/ 76

第四部分　面试

第十一章　视频和电话面试　/ 81

第十二章　让最后一轮的现场面试流程变得高效　/ 82

第十三章　面试地点的环境布置　/ 89

第十四章　不要使用小组面试　/ 92

第十五章　如何进行专业方面的面试提问　/ 98

第十六章　每位面试官都需要使用同一组问题　/ 100

第十七章　每一场面试的基本流程和框架　/ 106

第十八章　如何在过程中进行记录　/ 120

第十九章　如何解读行为面试中候选人的回答　/ 126

第五部分　录用决策

第二十章　召开面试意见汇总会议　/ 135

第二十一章　如何做背景调查　/ 141

第二十二章　如何录用候选人　/ 149

第二十三章　如何拒绝候选人　/ 157

第二十四章　如果有两位合格候选人，我们应该怎么办　/ 163

第六部分　入职管理

第二十五章　新员工入职管理　/ 171

附录　/ 179

后记　/ 192

致谢　/ 193

关于作者　/ 194

引 言

招聘是最重要的管理实践

本书的目的是帮助你成为一名高效的招聘经理。高效的招聘是一个管理人员对组织的最大贡献。

据说,优秀的首席执行官们会花30%左右的时间在人的身上。管理人员和高管们如何履行职责?哪些人已经"成熟",准备好接受更多的挑战和责任?哪些人是潜在的接班人?哪些人的职责需要调整?哪些人可能存在流失的风险?企业外部的人员,哪些是值得招聘或者保持联系的?

在首席执行官们必须做的事情中,包括公司战略、客户关系、政府关系、投资者关系、组织结构、企业财务、内外部的沟通等,大部分人会说他们花了大量的时间在人的身上。尽管当提到"人是我们公司最重要的资产"这句话时,有人会感到很讽刺,但是首席执行官们的行为却告诉我们这都是事实。即使普通的员工经常无法感同身受。

领导者这么做,是因为他们知道每个组织成功的引擎就是组织能力,也就是人才。只有人才能够创造、管理和改进所有这些系统、流程和政策,创造增长、收入、利润和完成任务。

从长远来看,人是决定性因素。每一个组织的每一个成果都来自于人。推动成功的不是什么算法、设备、软件、交易模式或者成本领先、高质量这些东西,而是人。

以上提到的那些理念和系统都很重要,但也是人创造了这些东西。优秀的人才创造优秀的系统、流程和结果。我们经常提到,优秀的人才能够克服混乱的系统和流程，照样产生好的结果。但是，如果一个组织的人才不够优秀，没有任何一个优秀的体系能够帮助平庸的员工产生优秀的业绩。

如果一个组织的人员才是组织成功的引擎，那么决定哪些人能够加入，就是这个组织需要做的最重要决策。但这些决策不是由高层得出的，而是经常会由具体的经办负责人决定。

我的上一本书《高效管理者》（*The Effective Manager*）讲的是如何管理你现有的员工。"管理"通常指的是管理者每天要做的一些事情，如何与现有的员工打交道。与每天要做的管理工作不同的是，我们大部分人很少会去招聘。

而这也正是危险所在。

在我们颇受欢迎的管理工具播客视频中，我专门创造了一个词来形容那些既重要但又很少有机会实践的任务：圣诞节规律（*The Horstman Christmas Rule*）。如果你是一个喜欢庆祝圣诞的人，那么圣诞节对你来说就显得非常重要，你对它日思夜想。然而，当节日过后，你会感到筋疲力尽、压力很大，希望多休息几天来恢复。

那是因为圣诞节很重要，但它一年只有一次。对于不经常做的事情，我们不会迅速地完善它。我们总是在这类事情上表现糟糕，并重复错误。

招聘是我们要做的最重要的事情，但我们并不经常招聘。这不是一件好事情。

想想你们公司在解雇一名员工时的艰难过程。仅仅是这个想法引起团队的恐惧情绪，就已经是一件非常糟的事情了。但在接下来的过程中，情况会变得更糟：无效的沟通、低级的错误、冗长的会议讨论，通常还有沮丧的决定。优秀电影《华尔街，融资融券》（*Wall Street，Margin Call*）的开头一幕就很好地展现了这一幕。

你知道为什么解雇总是那么麻烦吗？因为大多数经理都是第一次经历裁员。即使他们以前有过相同经历，那也似乎是很遥远的记忆。因为他们会告诉自己要尽快忘记上次的糟糕经历。

招聘遵循圣诞节规律。我们不经常招聘，但招聘却很重要。卓有成效地完成招聘工作，能确保组织的最重要资产，即你的员工，达到你期望的最高标准。

想象一下，以相反的态度对待招聘工作，把它当作一项必要但无关痛痒的任务。你因为一些非常重要的项目忙得焦头烂额，这时候你非常需要一个有特定技能的人来帮你。

你找到了一位候选人，进行了面试。你虽然心存疑虑，还有一些方面有待考察，但是他具备所需的技能。你没有太多时间，因为招聘不是你最优先考虑的事情，所以你决定雇用他。

不幸的是，你的担心被验证了。他不专业的态度，对你的团队就像一剂毒药。他脸皮又薄、不愿合作。因为他知道自己是不可或缺的，所以表现傲慢。在你的老板接二连三地发现你们出现的一些小事故后，她把你拉到一旁，说道："你怎么会雇了这么个人？"

严肃地想一想，你将怎么回答？你可能会嘟囔着说："我也知道，但我真的需要一个人来帮我忙啊！"这样的话，你的老板可能会沮丧地回你一句，"好啊，现在你如愿了吧。"

也许她会很大度，给你一些重要的职业建议。"这是一个很严重的失误。招聘失误几乎是不可原谅的。招聘做得不好会传递这样一个信息：你连做一件对于组织长期发展最重要的事情，都无法做到高标准。我要告诉你的是，当我们在评估与你同一级别的经理时，缺乏招聘能力是职业发展的严重障碍。"

如果你的老板这样说了，那么你是幸运的。因为无论她说没说，她的心里一定是这样想的。

也许这是你人生中的第一次招聘，你可能还有一些回旋的余地。大多数经理表示，在他们第一次招聘的时候需要很多帮助。然而，你可能无法从公司获得许多具体的帮助。也许 HR 可以告诉你一些事情，但仅限于他们使用的流程。他们不会告诉你应该在面试中问什么样的问题，不会告诉你如何安排面试日期，更不会告诉你在完成一天的面试后如何把你的团队召集起来讨论候选人的情况。他们可能会说，你需要安排一个小组面试。小组面试是一种很流行的做法，但是一种完全无效的技能。

因为招聘工作非常重要，却很低频，我们都需要一个明确的、务实有效的招聘流程。如何一步步操作，具体的细节是什么。这就是本书的初心。

关于管理者工具箱

这是一家管理咨询和培训公司，我是公司的联合创始人，公司的另一个老板是我杰出的事业伙伴迈克尔·奥泽恩（Michael Auzenne）。我们专注于教练和培训全球各地公司的经理和主管。2019年，我们为公司在全球各地的客户提供了超过1 000人次的管理人员全天培训。我们还在世界各地举办各类培训会议，对个体管理人员进行培训，举办超过100场这类的培训活动。

此外，如果你的公司没有预算送你去培训（当然，如果你想自己付费，我们也提供折扣服务），你可以在我们的播客"管理者工具箱"中找到这本书中的所有指导，而且是免费的。你可以在iTunes中找到我们的播客，网址为www.managertools.com

在撰写这本书的时候，我们的播客每个月的下载量约为300万次，几乎遍及世界上的每一个国家。感谢我们忠实听众的支持，多年来我们获得了多项播客奖项。

我们的播客是免费的，因为我们公司的使命是让世界上每一位管理者都能够高效工作，而他们中的许多人还买不起这本书。

我们希望你能定期访问我们的网站，以获得更多的指导。我们无法把所有的播客内容都归纳在这本书里面，因为在印刷这本书的时候，已经有将近1 000个播客内容。在这本书中你会看到很多这样的话，"具体见播客TM"（There's a Cast for That）。这些是指向我们网站播客中的免费内容链接。

关于数据的说明

在过去的25年里，我们一直在测试各种管理行为和工具，看看哪些是有效的、哪些是无效的。我一直很讨厌自己参加过的管理培训和读过的书中的一些做法：基本上都是拼凑一些其他人的观点，或者自己提出一个想法然后用一些轶事来支持这种观点。我们管理者工具箱有一句格言"一堆轶事并不构成数据"（The Plural if anecdote is not data）。

我们已经测试并完善了这本书中给出的所有建议方法。我们回顾了数以千计的面试，并对主要的建议方法在总体样本范围内进行了数据检验，结果给了我们非常大的自信。

要说明的是，没有任何研究能够完全预测使用我们推荐的工具将如何影响每一位经理的招聘效果，因为个体情况是不同的。通常情况下，很多向我们寻求帮助的经理在解释他们的处境时会说："我的情况很特殊。"

其实在大多数情况下，事情的本质是相同的。但是因为仍然存在特殊情况，我们要告诉你的是：我们的指导是针对90%的经理、针对90%的情况的。

你的情况确实可能存在着特殊性，但我对此持保留意见。

关于性别的说明

你会注意到，在整本书中，我们会用不同的性别来指代管理者，有时候是男性，有时候是女性。管理者工具箱的所有内容，包括播客的音频指导、笔记等，都几乎完美地平衡了男女性别的比例。

使用不同性别来指代管理者是因为，所有的数据都表明，男性和女性在完成招聘任务方面表现得同样优秀。在招聘高管时，情况也差不多。如果你是一位女性招聘经理，我们很高兴你正阅读这本书，我们乐意在此提供帮助。

现在，让我们正式开始吧。

第一部分
原　　则

第一章

高效招聘的第一原则：控制编制

在你第一次感到某个岗位需要招人的时候，要三思而后行，不要马上就开始招聘。具有战略思维的高效管理者总是首先考虑其他选项。这也是CEO希望你具备的思维方式。

大多数管理者在得知团队有一个岗位空缺或是团队工作量太大的时候，第一时间想到的，就是要向公司申请招聘编制。这样的管理者其实是被审批和流程的思维所禁锢了。

平庸的管理者会很自然地认为，当有人离职的时候，就应该另外雇一个人来替代他。这也恰恰是让高管们愤怒的、一种欠考虑的思维方式。对于高管而言，雇一个人并没有错……但这种条件反射式的招聘思维却是非常错误的。

如果你的领导是个聪明人，当你申请招聘编制的时候，她必然会问你几个问题：

"你有没有考虑过，这个岗位是否可以不招人？""没有。（嗯？）"

"为什么不先思考一下？"

上述对话会让这位经理看上去没有创新和思考能力，是一位不会对自己的工作职责进行反思的管理者。他的领导会想："这不是一个具有大局观的人，他只是体系里的一颗螺丝钉，只会无脑地做事，成长的潜力很低。"

对于领导者而言，一个岗位空缺并不等同于"一个必须填补的空缺"。这很可能是一个减薪降本的机会。不要怀疑你看错了，我说的确实是机会，是个可以发挥创造力的机会，是个可以重新审视工作量和员工的机会。也许可以不雇人就完成这些重要的工作呢？也许这正是个契机，可以让大家统一思想来放弃一些事，可以让每个人更加专注于最重要的事情。

这时候不要有那种陈腐的念头——认为高管总是贪婪的，希望用更少的人来干更多的活。是的，这种情况确实存在，但很少见。只是因为这种情况太具戏剧性，所以被夸大宣传了。作为管理者，第一职责是要对组织负责，而不是对自己的团队负责。所以，我们第一步应该是去争取组织想要的东西。

不假思索地去申请招聘编制，这个行为本身就是错误的。当招聘经理能够证明，自己在申请招聘之前已经对岗位价值、成本、人员等要素做了思考、尽了职责，他的招聘申请就更容易被批准。

所以，我们要先假设：如果索性把这个岗位编制砍掉，会怎样？ 如果"他们"不批准招聘，会怎样？也就是说，如果得不到批准，你该如何来解决这个问题？这时，问题将不再是关于如何申请编制、如何找候选人、筛选和面试，而是变成了如何充分利用你目前所拥有的资源。

当然，没有招聘编制是常有的事……但大家都很容易忘记这一点。岗位空缺在裁员和经济衰退的时候更容易发生。而这种时候，招人的申请通常会被驳回。

如果一个管理者认定自己的首要任务就是招人，总是把自己的问题归根于"突然间人手不足"，那么她在解决另一个问题的时候就很难有创意。那个问题就是：怎样才能用好现有的人力资源，正确地做好工作？**认为某项工作的人手不足有一个前提假设，就是把工作看成是静态的、无法变化的；这种认识显然是不合理的。**

所以，与其浪费时间去思考那些我们能力范围之外的事情，不如首先假设"无人可雇"。这是一个新的问题，而与老板或 HR 负责人聊天，无助于这一问题的解决。

如果你无法填补这个空缺，有两个大致的方向可以考虑：一是让现有团队做更多的事，二是放弃一些可以放弃的事。而最有可能的解决方案往往是两者都有涉及。

假设我们已经拥有了所有能够找到的人才。现在，工作量不变，但人更少了。这意味着：要么（a）人们承担额外的工作任务，增加工作时间或者提高工作效率；要么（b）有些原来一直在做的事情，现在不做了。

试想一下，假设一位经理带了 5 名下属主管，如果薪酬成本占运营成本的 50%（这是一般的经验法则），而大家的薪酬都是均等的（其实从来不可能不均等），如果有一个人离职，那么就可以省下 10% 的预算。这是很大的一笔开支节流。

任何管理者，如果有机会"找出哪些工作可以削减，以节省 10% 的预算成本"，都会毫不犹豫地把握这个机会。

这就意味着，有些事并没有完成。这是你能像领导者一样进行思考的一个好机会。最好的解决方法，就是按照我们接下来的指导去落实。

如何在不招聘的情况下解决招聘问题

首先，让你的主管们把手上的工作排一下优先级，根据工作的价值及其对组织贡献（对他们自身、你、部门、公司）的优先级进行分析；然后把手上所有的工作列成一个清单，标明大概需要花多长时间，接下来，不是按时长而是按价值进行排序。我们猜应该不会超过 20 项。还有可能列出的很多事只需要几分钟就能完成，但这些事也许是不能被忽视的。

你可以这么说："今天或明天，花一个小时，把手上所有的工作列一个清单。你可以查看工作日历、工作文件及任何可以帮助你回顾的东西。**这两天就把清单交给我，我等不了一周，让你们把所有的事情每天做个记录。**"

"然后，把所有的工作按照重要性排序，在每件事的旁边，写下你每周需要在上面花费的时间。时间不需要太精确，预估即可。"如果主管们递交的内容显示他们一周需要工作超过 80 个小时，不要感到太惊讶。因为这并不能证明他们在家里也疯狂工作，只能说明他们并不清楚做每件事需要花费的时间。

没关系，重点是，不久之后，完成他们清单里那些工作项目所需的时间和交付价值就会下降。

接下来，问问你的主管们，他们认为哪些事情是不可能完成的。在创建清单之后，记得请他们进一步检查清单，思考并判定清单上的哪些事情是可以不做的。

你可以这样说："做完清单之后，再看一遍，自己分析一下，然后告诉我，假如有一些新的、更重要的工作等着你，现有清单里的哪些工作是可以不做的。算一算如果你不做这些事，可以节省多少时间。这就是我需要的东西：一份清单，上面标注了你认为可以搁置的事项。"

考虑他们的建议，然后你自己来做决定。"**听取下属意见，自己来做决定**"是很重要的。这样，他们就不会感觉分析工作是在冒险。你可以这样说："我会做出最终决定。如果你做了分析，我可能会采纳你的建议。但即使这样，决策产生的一切后果仍然由我负责。当你做得更好、更有自信时，我也会让你自己来做决策，但我仍然会对结果承担责任。"

然后，让主管们来提问。最后要做的是，你要根据他们的建议来决定放弃哪些事。当他们对此表示担心的时候，要告诉他们：一旦出了问题，一切由你负责。换句话说，如果他们认为有人会质疑为什么过去做的一些事情现在搁置了，他们应该让那个人直接来找你，也就是找他们的领导谈。

如果你期望下属主管们自己来做分析、做决策，并且能够为后果承担责任，你就等着感受煎熬吧！他们很可能不会按照你的要求去做。而是会试图把一些事藏起来，或者试图完成所有事，那就完全违背了这项工作的初衷。

需要注意的是：这个工作指南主要针对那些下属不需要太多协作任务的管理者。如果你是一名董事总经理，管理着所有的中层管理者，你不必替他们做任何决定，因为他们自己就可以做决策。另外，**如果你失去的是一位经理，那么你可能就要考虑重组**。虽然这并不像大多数公司想象的那么容易，但董事们的统筹余地还是比他们意识到的要大很多。在某些职能团队里，进行这类分析会比较困难。例如，在客服中心（一家大型银行的呼叫中心），客户代表不可能做出一张多任务、多价值的工作清单。因为他们的主要工作是通过电话服务客户，这占据了他们90%的时间和价值。

如果你面临同样的局面，可以跳过这一步，但不要因此忽略了领导者是如何思考的。因为虽然这类角色是个例外，但你的下一份工作可能会有所不同。

第二章

高效招聘的第二原则：提高标准

如果你想让管理更加简单，请把好招聘关。

我们认为，现代组织中最大的问题就是招聘不力。公司和管理者的日常招聘工作质量远远低于我们理想的水平，这主要是因为缺乏标准、专业培训和衡量招聘的流程，另外，招聘工作也需要不断迭代。

公司对于采购的原材料质量一般都建立了检验体系。我们会拒收那些哪怕质量有些许瑕疵的产品。我们对于进口的材料和自己的生产流程也有无损检验的专业方法。在资本投资方面，我们也有非常严厉的财务标准，有些甚至严厉到短期内让人无所适从。此外，我们还有严格的费用核算标准。

然而，对于组织最重要的决策——谁能来公司和我们一起工作——我们却没有正式的、可沟通的标准。直线经理们通常不需要参加招聘相关的培训。很多公司也没有招聘方面的专业培训课程。即使有，那也经常是由人力资源部来主导的。培训的内容更多的是关于合规合法方面的内容，而不是关于如何有效决策的内容。我们当然需要知道哪些问题是面试过程中需要避免的，但这只能帮助我们规避被起诉的法律风险，并不能帮助我们做出优秀的招聘决策。如果你工作还不久，所在的公司也提供了良好的面试培训，千万不要错误地认为其他公司的情况也是如此。事实上，这种情况非常少见。你应该感到很幸运，一定要好好利用这一机会。

最糟糕的情况是，我们会把决定权交给一个从未接受过任何培训、未得到过任何招聘反馈、从未被评估过真实动机、从未被追究过招聘不力的责任而且基本上凭直觉办事的高级经理。我们曾对碰到过的20多位经验丰富的经理进行过测试，这些人在招聘决策方面一向以大胆而著称。但当我们在比对他们所招聘的人员的入职绩效情况时发现，没有任何一个案例表明，这20多人的结果明显优于其他管理者。

缺乏一个高标准的招聘行为，就像试图用生的小麦代替面粉来做一个华丽的婚礼蛋糕。尽管你遵循了每一步的流程，但没有人会去吃这个蛋糕，因为它根本不是一个"蛋糕"。但拙劣的招聘工作，却使得我们"不得不日复一日地重复吃这个蛋糕"——被迫与那些糟糕的新员工一同工作。

管理者因为雇用了表现不佳的员工，制造了大量问题。我们招聘的人员素质不佳，必然会抱怨自己的工作量太大，因为我们雇用的人并没有"应该"表现得那么优秀。为了管理他们，我们不得不花更多的时间，这就占用了我们本来应该为推动组织发展而需要的思考时间。

如果你感觉自己总是在救火，不要忘了在整体解决方案中加入一条：通过提高招聘标准来改变所招聘人员的整体素质。

招聘不力是造成许多问题的根源：绩效、留任、继任计划、产能和盈利能力都会受到影响。

假如你雇用了一个错误的人。这个人甚至谈不上"错误"，而只是能力达不到你的预期。因为能力不够，所以当工作量需要增加时，你就无法把一个团队交给她来管理。但你客观上需要让她所在的团队有更多的产出。而因为招聘失误，导致无法让现有团队有更多的产出，所以你只能去雇用更多的人。当你的组织需要的人员多于竞争对手的时候，你的竞争对手人效就比你高，利润情况也会比你好。如果你的整个组织总是在不断地重复招聘一些能力不足或者未来无法与企业一同成长的人，那么你就永远不可能成为市场领导者。

以上原因告诉我们：当公司想要招聘一个人时，第一个想法应该是把门槛抬高。

在我们准备面试的时候，指导我们的原则应该是避免雇用任何有可能导致招聘决策失误的候选人。我们希望在行业和候选人那里造成这样一种印象：

"在这儿找一份工作真不容易。"

管理者经常向我抱怨他们需要花大量时间来看数以百计的简历。(后面的章节我们会讨论如何筛选简历)。为什么要浪费时间去看那么多符合要求的可能性不高的简历呢？如果你提高招聘标准，你需要看的简历只会有一小堆，因为很多候选人根本不会来申请求职，因为"我有几个朋友曾在那里面试过，但没有被录用，我还是不要去再次碰壁了吧。"

要向业内人士传达，公司的招聘要求很高。告诉大家，你们的招聘流程是根据规避录用风险的理念来设计的。告诉他们，即使候选人的素质和岗位要求很接近，也可能被拒绝。许多人会为此而躲开。那些被你拒绝的人还会起到自动传播的作用，使得他们身边类似条件的人也不再来做无谓的应聘。

但优秀的候选人是永远不会退缩的。优秀的候选人会被你提供的机会所吸引。他们明白，高的招聘门槛意味着公司现有的员工都很优秀。他们知道自己不会是团队中唯一表现优异的人。他们不会是哈里森·伯格朗（Harrison Bergeron），⊖为了保护绩效落后的人制定一些畸形的规则和流程，而是会让业绩最好的人有机会能脱颖而出。

还有一个潜在好处是，让你的现有团队了解公司的招聘门槛很高，其实是在保护他们。因为这传递了一个信号："你们都很优秀，我可不会随意雇一个人来跟你们一起工作。"

这样的话，你的团队将不再羞于对那些被质疑的候选人说"不"。他们不会因为听说某位候选人很符合你的胃口，就轻易说"好"，也不会因为工作迫切需要帮助而对候选人大开方便之门。

他们将开始在面试过程中寻找应该说"不"的理由，会努力寻找需要重点关注的细节，这才是面试的真正目的。如果你在面试中总是在为录用寻找依据的话，你总会找到一些的。但只有那些让我们应该说"不"的理由，才是未来可能对我们造成的困扰。

⊖ 哈里森·伯格朗是美国黑色幽默小说家 Kurt Vonnegut 的短篇小说中的主人公，此小说旨在反乌托邦，讽刺绝对平等。——译者注

我希望大家在面试中要多找问题。被面试的人未来可能会成为你的同事，并在工作中与你并肩作战，所以管理者必须明白一个道理：**唯一比岗位空缺还要糟糕的事情，就是招聘非人。**

问问那些经历过招聘失误的管理者，他们一定会告诉你：那种事再也不能发生了。

第三章

高效面试的第一原则：学会质疑

在对现有员工的工作重新根据重要性进行了优化，并确立了一个高标准的招聘要求以后，如果我们仍然需要招聘，那就正式进入招聘流程中的面试环节。我们的指导原则很简单：**要学会质疑**。

说明这一原理的最好方法就是使用我们在"管理者工具箱之高效招聘经理"会议上常用的一个矩阵（见图 3-1）。我们在美国各地及海外开展了许多类似的公开活动，还为专属客户提供一些定制服务。

	拒绝	雇用
招聘结果好		
招聘结果差		

图 3-1 招聘矩阵

这是一个四象限的经典矩阵，展示了我们的面试选择和可能的结果。我们的决策结果由不同的列来表示，右列表示雇用，左列表示拒绝。而结果则通过不同的行来表示。"招聘结果好"的在第一行——指的是新员工入职后表现还不错，"招聘结果差"的在第二行——表示新人表现不佳。

矩阵给我们的第一个结论很直观：仅仅因为我们雇用了某个人，就认为这个人是合适的，这种说法并不一定正确。我们只有在她上岗后并有了杰出表现的时候，才知道招聘的效果还不赖。大多数管理者会错误地把"同意雇用"和"人岗匹配良好"混为一谈："我喜欢他，他一定是合适的人"。但事实并非如此。

这让我们得出了一个重要的招聘判断原则：判断招聘是否高效，要看新员工的绩效，而不是看雇用决定来自于谁。

你会注意到矩阵的右上方有一个红色箭头，指向"雇用"那一列。这是大部分管理者在招聘流程中唯一关心的：他们想雇一个人，这个岗位空缺需要马上填补。你可能会跟我们有相同的感受和经历。

懂得右列"雇用"背后的逻辑很重要。同时，它也能告诉我们，为什么高效面试一定要学会质疑和拒绝。

让我们再通过解读矩阵的各种不同结果，来进一步理解管理者的决策和招聘结果。显然，我们的招聘目的是为了"招聘到合适的人"：即右上角的象限（见图3-2）。

	拒绝	雇用
招聘结果好		很棒
招聘结果差		

图3-2 一个"取真"的结果

这就是所谓的"取真"。一旦应聘者成为我们团队的一员，他的良好表现将有力地证明我们的雇用决定是多么的正确。

这种渴望让我们很容易地误解为：我们的工作就是为了完成"招聘"。把完成"招聘"解释成"录用邀请"可能会更准确一些，因为候选人是否接受邀请是我们所无法控制的。但如果面试官在面试中一直想着要对候选人说"好",而又想着录用可能被拒绝,那逻辑上就显得有点奇怪。所以我们必须假设:当我们面试的时候,任何录用通知都是会被接受的。

另一个可能的结果是,某个人很合适,但被我们错误地拒绝了,没有录用他。这就是左上角象限中的结果(见图3-3),这样的结果被称为"拒真"。我们拒绝了,但那个人应该是"正确的"。

	拒绝	雇用
招聘结果好	令人失望	很棒
招聘结果差		

图3-3 一个"拒真"的结果

这对于花了大量精力来招聘的管理者来说,是非常令人失望甚至是糟糕的。"我们错过了一个优秀的候选人。我们是如此绝望,我们可忍受不了失去这个机会!"正是这种想法导致招聘的标准被放宽。这个想法还常常会让人错误地以为,面试的初衷就是为"录用"来寻找依据。

幸运的是,我们大多数人在拒绝应聘者之后,都不会去关心他们在其他岗位上是否获得了成功。

如果我们面试了一个人,选择不录用他,且这个人确实不是正确的选择,这就是所谓的"拒假"(见图3-4)。它被标示在左下角的象限中。这也是一个好的结果:我们通过做工作,避免了雇用不合适的人。

现在我们再来看看矩阵中最重要的右下角象限。在这种情况下,我们决定雇用某个人,但这个人最终没有发挥作用。他/她并不是一个绩效表现优秀的人员。这就是所谓的"取假"(见图3-5)。我们对应该说不的人,却说了是。

	拒绝	雇用
招聘结果好	令人失望	很棒
招聘结果差	良好	

图 3-4 一个"拒假"的结果

	拒绝	雇用
招聘结果好	有点令人失望	很棒
招聘结果差	良好	人间地狱

图 3-5 一个"取假"的结果

管理者工具箱团队形象地把这种结果称为"人间地狱"。"人间地狱"式的招聘，指的是新招聘的员工表现不佳，让团队崩溃。（解雇一个人通常有两个原因，一是工作表现不佳，二是不能很好地与他人合作。）新招聘来的这个不合适的员工占用了你大量的管理时间，把整个团队的绩效都拖了下来。雇用他的决定大大破坏了你的形象。这本书的主要目的之一，就是要帮助你避免"人间地狱"。如果你是一名经理并正在经历人生中的第一次招聘，记住我先前所说的："问问那些经历过招聘失误的管理者，他们一定会告诉你：那种事再也不能发生了。"

重新看一下矩阵右上方的红色箭头。它突出标示了"雇用"列。因为我们渴望"雇用"，所以我们的主要关注点异化成了"如何招到一个人"。我们开始不断寻找积极因素。因为大部分能够坚持到最后面试阶段的应聘者肯定有各自的特长。当招聘的渴望和倾向雇用的意愿一结合，我们的错误关注就会影响客观决策，大大增加"人间地狱"的概率。我们希望雇一个人的倾向性意愿，增加了我们不愿意发生的结果的概率。

现在重新思考矩阵左下方的红色箭头，它突出标示了"招聘结果差"这一行。这才是招聘的正确方式：**消除任何导致负面后果的可能性**。如果我们消除了这类结果（见图 3-6），剩下的将变成"取真"的高绩效表现，或者是"拒真"的失误结果。

	拒绝	雇用
招聘结果好	有点令人失望	很棒
招聘结果差		

图 3-6　消除可能的坏结果

因此，我再重申一遍：任何面试的初衷都应该是为了拒绝而找理由，要想办法拒绝所有不合适的应聘者。剩下的结果，要么就是我们能得偿所愿，要么就是产生点小失望。

高效的管理者们在面试的时候，会试图寻找各类问题，而不是关注应聘者的特长。因为如果你关注的是特长，你总能找到一些。每个人都有自己的特点和长处，包括"人间地狱"式的应聘者。

面试的默认选项必须是"拒绝"。"默认拒绝"指的是，如果你在一次面试后对候选人仍心存疑虑，就不要录用他；如果你的团队成员面试了一名候选人后（他们将来会在同一个团队合作），表达了一些疑虑，就不要录用那个候选人。(也有例外情况，我们在后面的章节会继续讨论。)

如果你认为还需要再组织一次面试来发掘候选人的闪光点，以便平衡一些对他的"负面评价"，就不要录用那个候选人。

只有当你面试后没有发现任何疑问的时候，才是真正地消除了可能的坏结果。这时候，你才能考虑录用的事宜。

第二部分

准　　备

第四章
行为面试法及如何设定你的招聘标准

在开始进行面试之前,我们必须要知道想要找的是什么样的人。也就是说,要从行为的角度来分析岗位的职责,设计面试问题。

你可能会觉得"我们已经有面试问题了",所以打算跳过这部分的指导内容。相信我,你们已有的面试问题很可能并不够好、不够清晰,也没有书面化,不能达到我们设定的高标准面试门槛和在面试中质疑应聘者资格的要求。每次只需要花 45 分钟的时间,就可以为你的每一个岗位设计一组新的问题——这是一个非常值得的时间投资,可以让你把面试做得更好。

不要局限于个性和特征

高效面试的关键是要有好的面试问题,但我们该如何设计优秀的面试问题呢?我们想通过面试了解什么呢?

这是大多数管理者容易犯的错误。他们会说:"嗯,我需要聪明、勤奋、善良、有职业道德、专业能力强的……"这当然是对的,但问题在于,仅仅有这些个性和特征的分析是不够的。

我们必须仔细分析某一具体岗位与人的个性和特征的内在联系。因为即使相同岗位上的擅长这项工作的人具备一些共性的个性特质,但只具备这些特质的人可能仍然不能胜任工作。也就是说,个性和特征是必要前提,但不是充分条件。

那么，我们应该问什么样的问题，才能确保这个人能胜任岗位工作呢？

问题的关键落在"胜任"上。要想在某一件事情上取得成功，你首先要有能力去做。记得是"做"，而不是"想"。工作成功的本质是"行为"（Behavior）。

看一个人能否胜任这份工作的最好办法是，看他以前是否有类似的成功经历。

但这会让我们的工作变得困难。因为我们刚才的分析，在类比的时候存在一个疑问："我们很难把握什么才是岗位工作必需的专业技能。"如果仅仅分析岗位的工作要求，唯一能肯定候选人胜任的办法，就是他以前已经做过这件事了。但如果这个结论成立，很快就会在继任者、职业成长和人才市场等方面引发问题：每个人都只能被困在原地不动[⊖]。

所以，我们要更深入地进行思考，如果不能简单地对比应聘者以前的工作内容和现在应聘的岗位职责（反正往往不够明确），那么我们通过什么来判断一个人是否胜任这份工作呢？既然你已经读到这里，也许就能自己想明白：做好一份工作要综合考虑许多方面，仅仅分析"做事"就太简单粗糙了。

一方面，我们不能只考虑个性和特性。这是远远不够的。另一方面，如果要求应聘者以前做过完全同样的事，又太苛刻了。所以，我们需要回到"做"这个字面上来。什么意思呢？

"做"是一个很好的词，因为它指向了行为。行为不是个性或特征，它们往往是基于个性和特征而采取的行动。我们常见的成功标签不都是类似"完成工作""确保发生""实现目标"及其他一些思维、态度和性格特征外的行为和活动吗？

我们在面试中要找的人，他/她必须要展现出特定的行为模式，而这种行为恰好是我们认为做好那份工作所必需的。

行为是做任何事情的引擎。它们足够明确，所以能够克服过于笼统的"工作"概念。它们的可移植性又足够强，如果应聘者表现出某些行为特质，我们就有理由认为她会重复这些行为。只有行为才是可预知、可衡量的。

[⊖] 凡事总得有第一次，必须做过才能上岗的结论逻辑上不通。——译者注

因此，面试一个人的最好方法，就是寻找胜任岗位所必需的行为特质，而候选人需要在以往的经历中展现出这种行为特质。

现在仍然有很多人继续执着于个性和特征的想法。有一个经典的招聘理论，叫作"**招聘态度积极的人，因为技术是可以培训的**"。这个理论是说，先弄清楚你需要的新员工必须具备什么样的态度，然后确保你能够把所需要的技能培训给新员工。

不幸的是，这种方法有两个缺陷。第一，你没有足够的时间来培训每个人的每一项岗位技能。公司绝不会支持这种做法。所以我们在面试时需要进行技能筛选。第二（这也是我最喜欢的部分），**性格特质要通过行为来验证**。

假设我告诉你，有一个人非常聪明。然而，你却发现他总是做一些不"聪明"的事情。在什么情况下，你才会质疑他有多聪明呢？事实上，"**做聪明的事**"才是我们所说的"聪明"。合乎道德的行为才是我们所谓的道德。**做慈善工作才是我们所指的善良**。

如果你仍然想坚持态度和技能的观点，可以换个角度这样想：雇用那些展现出最佳技能和最好态度的行为。

解析工作所必需的行为

我们刚才谈论的是关于为什么要进行行为面试。一旦意识到必须寻找合适的行为，我们就会发现一个核心问题：**要做好某项工作，什么样的行为才是最重要、最基本和最充分的？**

为了明确这些具体的行为，我们必须要做两件事情：定义"行为"到底是什么，然后分析与具体岗位紧密相关的行为表现有哪些。

幸运的是，行为已经被很好地定义过了。在专业的语境中，一共有五种行为：

- **我们所说的话**。我们口头上说过些什么。
- **我们是如何说的**。语调、语速和说话的音量。同样的一句"遵命"，你不动声色而又迟疑地说，跟你又快又响亮地说，意思是不同的。
- **脸部表情**。如果有个人面带微笑地说"我会去做的"，跟他一边皱眉或做鬼脸一边说同样的话，意思也是不同的。
- **肢体语言**。一个人双臂交叉、眼珠直转着说"我来"，跟一个人身体前倾说同样的话，两者要表达的意思也是完全不一样的。
- **工作产出**。工作产出可以分成以下几类：
  - **质量**。相对总体标准而言，工作好坏的程度。
  - **数量**。总共干了多少活。
  - **准确性**。与已知的语言、数学和规范流程进行比较，工作是否正确完成了。
  - **及时性**。做这项工作要花多少时间。这通常要与一些时间要求进行对比，比如截止日期或者其他已知的衡量标准。
  - **文档**。任何与工作合理相关的、可长久保留的东西，包括电子邮箱、电子表格、信件、帖子、图片、报告和书面材料等。
  - **安全性**。针对已知协议或风险标准降低而采取的行动，通常（但不必然）是客观发生的。

以上内容对你来说可能有点多，但不用担心。一旦你的脑海中有了这个大致的框架，就会发现它只是一种看待已知问题的不同方式罢了。相信我们，如果你遵循了我们的工作分析流程，你就会收获那些行为问题，这些问题将从重要性、必要性和充分性等方面来描述你所要招聘的岗位。

既然我们现在已经明白招聘需要关注应聘者过去的行为，而且也知道了行为具体是指哪些方面，那么如何才能确定哪些行为对于我们的招聘岗位来说是最重要的呢？

幸运的是，这很简单。你需要的信息有四个来源：
- 工作描述
- 绩效考核
- 绩效最优秀的员工
- 管理者工具箱的小问卷

工作描述

　　工作描述有时候是很好的职位信息来源。当然，它经常是过时的，甚至根本不存在。即使如此，你也要想办法从工作描述中尽可能地获取信息。把技能、个性特征、能力要求和工作特点（包括写明的和暗示的）都列出来。试着把这个阶段的招聘工作想象成一个头脑风暴，而不是做决策，所以不要简化你的清单。一些学习过我们专题指导的管理者建议说，他们会在每项技能特征和个性特质旁边加一个标签，来标明信息来源，比如 JD 表示信息来源于工作描述，TP 表示优秀绩效员工等。

　　如果你所在的公司没有工作描述，也不必担心。根据我们的经验，绩效评估意见、采访绩效优秀的员工及使用我们的调查问卷在多数情况下更有价值。如果你所在的公司现有的工作描述很完善，那你就太幸运了。

绩效考核

　　接下来，查阅一下主管对于这个岗位的员工的最新绩效考核表，或者是类似岗位的也可以。看一下所有的评价标准，无论是定量的还是定性的。**我们所说的标准是指评价表上的列表框架，而不是关于某位员工的具体评语。**

　　把你认为特别重要的标准列一个清单。别担心，即使你是一位新上任的经理，也要学会相信自己。这里没有标准答案，随着你面试的人越来越多，你也会了解得更多。

　　例如，也许评价里有关于对团队合作或团队技能的要求（肯定是会有的）。也许这条对你来说特别重要，因为你的团队最近协作得不好。也许还有另一个关于计划能力的评估要求看起来也很重要，因为你的团队近期效率不高。当工作量激增的时候，完全没有一个可以遵循的规范流程。当然，还有关于专业技能的要求。也许因为你所在的领域技术发展得太快，团队目前在技能上已经达不到你的期望。把这些要求都记录下来。思考并把它们对于你、团队、岗位的相对重要性记录下来。

这是一个能够说明目前管理中最大问题的举例：因为害怕"犯错"，管理者什么都不去做。他们环顾四周并想到，"其他那些管理者似乎没有像我这样不确定，他们看上去知道自己正在干什么。也许他们以前学过这些东西。"

相信我，那些管理者也没有学过这些东西。他们并不知道，他们肯定不知道什么才是"正确"答案，因为几乎从来就没有什么正确答案。甚至，管理者工具箱的指导也不是唯一的答案，它只是目前唯一有数据证明有效的方法。所以，你要做的就是尽全力做好判断，然后把事情一直做完。

记住，你现在是在头脑风暴，而不是挑三拣四。把任何可能有用的事情都记下来，并把它加入到你的清单中去。

绩效最优秀的员工

除了标准以外，接下来再看看你所搜集的清单上，关于具体员工的评价和打分。对于职位来说，哪个分数对你来说特别重要？什么样的评价才是你最关注的呢？

现在更进一步思考：哪些定性的评价能让你把最好的团队成员与其他工作效率较低的员工区分开来呢？当你想起这位顶尖的优秀员工，你头脑里想到的评语会是什么呢？他们表现优异是因为专业技能、团队协作、过程开发还是因为有效沟通？表现不佳的员工是因为沟通不畅吗？如果是这个原因的话，当你想要雇用一名有着非凡专业技能但沟通能力很烂的天才时，一定要三思而后行。（我们发现有很多公司因为应聘者的专业能力强而容忍了其糟糕的沟通能力，最终导致了巨大的挫折和糟糕的团队合作。）

当你把所有这些想法都列入清单后，现在就要通过电子邮件向我们的优秀绩效员工来问几个问题：你认为是什么因素使得自己变得高效，为什么？

哪些 STAC[⊖]因素对你来说是最重要的？

你有两种方法来做这件事。首先，可以把清单直接发给他们（也许要稍作修改，以便于理解），让他们发表自己的意见。你可以这么说：

我正在搜集信息，来帮助我们评估即将开展的招聘工作。下面是我在查阅工作描述和绩效评估后所想到的一些要点。请你对其中你认为特别重要的内容发表一下自己的意见。你认为哪些选项对于我们的新成员是不可或缺的？另外，如果你认为其中有一些标准不那么重要，也请告诉我。如果我遗漏了一些重要的事情，也请把它们写下来告诉我。

我现在不是要重新做一个工作描述，需要你花不超过 20 分钟来回顾并评论。我知道你们工作都很忙。提醒一下，任何一位进入到最后阶段的候选人都将由你来面试，在回复的时候请牢记这一点。

或者，你会认为请大家把自己的清单汇总给你，而不是把你的清单发出去给他们，这样你会得到一个更好的结果。你最了解自己的团队。他们是否一定需要一些参考内容，才能进行思考？大多数人都喜欢这么干。他们也可能会有自己的想法，你认为应该相信他们。如果是这样，邮件就要这么写：

我正在搜集信息，来帮助我们评估即将开展的招聘工作，以便设定一些面试问题。请你花一些时间思考一下，是什么技能、个性、能力和特征（STAC）帮助你工作得更高效？哪些因素让你更擅长目前所做的事情？

我现在不是要重新做一个工作描述，需要你花不超过 15 分钟时间。我知道你们工作都很忙。提醒一下，任何一位进入最后阶段的候选人都将由你来面试，在回复的时候请牢记这一点。

⊖ STAC，即技能（skills）、个性（traits）、能力（abilities）、特征（characteristics）四个单词首字母的缩写。——译者注

你可能在 24 个小时内就会得到一些回复，把它们也加入你的清单中。

建议你不要让绩效表现差的员工来参与调查。我们做过测试，发现这样做不会起到任何效果。绩效差的员工所列的重要因素可能是工作中不正确的优先要素。我们还发现，他们的回复里更多的是对资源的诉求及对体系的抱怨。你既然已经把标准设定得很高，并正努力寻找最顶尖的优秀人才，那就请保持你的关注。

管理者工具箱的小问卷

最后一个可利用的现成信息来源是：我们多年来准备和完善的、针对每一个岗位的调查小问卷。它很容易填写，不会花太多时间。如果你愿意的话，可以要求绩效最优秀的员工来回答。（如果你发送过上述的电子邮件，有些问题可能会有些重复。）

这就像做填空题一样简单。

- 这个岗位的招聘原因：＿＿＿

- 做好这份工作最重要的方法是，这个人应该把时间：＿＿

- 这份工作中最重要的两到三项职责是：＿＿

- 做好这份工作成功的秘诀是：＿＿

- 要想知道这项工作是否做得出色，最简单、最容易的方法是：＿＿＿＿＿＿＿＿＿＿＿＿＿＿＿＿＿＿＿＿＿＿＿＿＿＿＿＿＿＿

- 如果我花一天的时间来跟踪高绩效的员工，我会看到他们：＿＿＿＿＿＿＿＿＿＿＿＿＿＿＿＿＿＿＿＿＿＿＿＿＿＿＿＿＿＿＿

- 我应该如何向公司汇报这个人的工作产出：_____
  _____

- 我的高绩效员工做了哪些事情，使她变得那么优秀：_____
  _____

- 这个团队赖以存亡的一到两个标准是：_____
  _____

现在，你会拥有一堆信息，把它们回顾一遍。哪些是关键？哪些是重要的，哪些不是？哪些并不重要，不应该成为筛选的指标？哪些是相对不那么重要的？把这些都记录下来。也许你剩下唯一要做的就是把关键因素都摘抄出来。

你已经收集了许多关于行为的原始材料信息，接下来，是时候设计面试问题了。

第五章

设计行为面试问题

你已经知道有哪些行为对于岗位来说是重要的,那么现在是时候设计行为面试问题了,这些问题可以让你有效评估应聘者。

当今世界上最有效的面试技巧就是使用行为面试问题。相比其他方法,这项技术拥有大量的实证数据。除非以后出现新的方法(也许是人工智能),如果你在面试时问的不是行为问题,那么你就不能称自己是一名好的或专业的面试官。

行为面试的最佳案例可能会让许多经理感到惊讶。在技术面试中,我们会要求软件开发人员编写或调试代码。与大部分人想的不一样,这就是一种行为面试。因为它基于同一个前提:过去的行为是未来最好的预测指标。如果岗位角色的基本行为就是写代码,而你又可以实实在在地评估这一行为,为什么不这么干呢?

同样的方法也适用于岗位角色的关键因素是做电子表格的情况。人们在评估自己的技能方面,存在着巨大的标准差异。比如,有些人认为自己是 Excel 专家,却连创建数据透视表都不会。为什么不评估他们的行为呢?我们一定听过上百个这样的故事,管理者在运用行为面试法的时候,发现所谓的"专家"盯着一些相对简单的 Excel 问题,甚至不知如何着手。

不是说每一个角色都适合这样的测试。这只是为了说明,这类测试其实就是一种行为面试。过去的行为/绩效是未来行为的最佳预测指标,在这种情况下,客观技能是可以通过行为来"测试"的。

当然，要"测试"某些能力是不可能的[○]，例如，让一个团队在一个长达数月的项目中保持一致和充分沟通的能力。所以我们会问一些关于过去行为的例子，来判断对方是否符合我们正在寻找的特定行为模式，而不是去直接测试他们。

你可能听说过或者在面试中也被问过一些其他形式和类型的问题。几乎所有这些问题都是毫无价值的，因为它们是一些对真实性判断效果很差的预测方法。

- 比如，问一些假设性的问题："如果……你会怎么做？"这只会给面试者一个让他们大胆猜测正确答案的机会。
- 问一些脑筋急转弯的问题："一架现代客机能够装下多少个乒乓球？"这种做法最近很流行（但主要是因为它能制造话题，而且许多人会对用这种方法来面试的公司感兴趣）。

除非这个职位短期内就需要类似评估和解决问题，否则这些问题就没有效果。虽然确实存在这类职位（比如管理咨询），但你通常招聘的岗位属于这类情况的可能性并不大。

即便是诸如"告诉我一个缺点/告诉我你的最大缺点"这类经典问题，在面试结果和绩效对比的数据方面，也不是那么有效。虽然这确实会涉及"自我认知"层面，但我们通过问一些行为问题仍然更容易做出判断。更重要的是，高绩效来源于如何有效利用自己的特长，而不是改善自己的弱点。更可悲的是，大多数面试者在回答问题时，并不会十分诚实。

"非结构化"面试也越来越受到欢迎，但它在预测业绩方面的表现也同样糟糕。这是因为候选人主导了所有的提问。对于面试官来说，无疑更容易做准备工作，甚至面试也可能变得更"有趣"。但这都是无关紧要的，面试的关键应该是有效地预测应聘者的未来表现。

还有另外一种类型的面试，也可以被称为"非结构化的"。那就是面试由毫无准备的面试官来进行。这是在用一种非常不专业的方式来做管理者最重

○ 有些公司试着通过设计一些问题来再次模拟测试这些技能，这种方法通常被称为"评估中心"。这是可行的，但几乎都是整个公司层面的项目。当然也包括人力资源，甚至可能需要整个部门共同参与来实施模拟。模拟包括了各类习题，通常需要一整天时间。单个经理是无法操作的。

要的战略工作：评估人才。"有趣"的是，那些使用这种方式来面试的人竟然会借口说其他方法也缺乏"数据"支持，并因此拒绝尝试其他的面试方法。也许，这里的"有趣"是一种过于宽容的描述了。

如果你是一位喜欢数据分析的管理者，对于所采用的任何一种管理/专业方法，都会希望获得数据的支持：在我过去 30 多年面试了全世界各地的候选人的经历中，除了行为面试，还没有任何一种系统的方法展现出显著的预测有效性。

一个简单的行为面试问题是什么样的

一个好的行为面试由三个部分构成：有帮助的导入铺垫，开放式的开头和你想要寻找的行为模式。把它们合在一起，就是这样的：

- "有时候我们不得不为难缠的顾客提供服务。请给出一个例子——你是如何为一个别人认为很难相处的人服务的。"
- "其他部门依赖我们管理的大量数据和系统。请描述一个你必须准确创建和维护数据的情况。你做了什么来保障数据采集和维护的准确性？"
- "这个职位需要处理很多琐事，这些细节合在一起会产生很不同的效果。请描述一个你曾注意到某个特别重要的细节，且不得不提醒他人的情况。"
- "你必须要有开阔的思维才能胜任这个职位。请描述一个曾经的场景，即使有些信息可能被他人忽视了，而你是如何兼顾考虑了所有相关信息，并最终做出了更好的决定？"

以上每个问题都有三个部分。我们使用三步法就可以简单地构建一个行为面试问题。

一个简单的行为面试问题的三个部分——为什么

我们之前已经说了问题有三个部分：导言、问题和行为。在我们讲述如何构建整个问题之前，先解释一下每个部分的重要性来帮助大家理解。

第一部分是导言。这部分经常被人忽略，但它的存在是很有意义的。导言是在告诉候选人，我们对于职位的期望是什么。我们所要传递的信息是要找的东西是什么。对于那些确实所要找的人，我们要让沟通更加简单。我们之所以要把对职位的期望透露给候选人知道，是因为如果他没有做过这些事，当我们听到那些不直接相关的答案时，偏差就会很明显。

坦率地说，对于那些具备我们所需要经验的应聘者，我们希望过程更简化一些。因为决定选谁是很困难的，所以我们需要使用决策辅助方法来"拉开差距"：尽我们所能，拉开表现差的和表现好的人的得分。

第二部分，对于问题本身，它所获得的答案必须是开放式的。请注意，在示例问题中，我们都是在提出请求，而不是问问题："请告诉我们这么一段经历……"一般来说，问题不能以"谁""是什么"或"为什么"开头。对于很多面试问题来说，这些都是非常好的提问词，但对于行为面试类问题就不是这样了。行为面试问题需要的是叙述类的、描述性的回答，比大部分应聘者回答"谁、是什么、为什么"的问题，内容要更长。

第三部分，问题的行为部分与导言密切相关。在导言中，我们要让应聘者知道我们的职位需要他们做什么。在最后的行为部分，我们会明确指出需要从他们的答案中寻找什么信息，以情境的方式来触动应聘者。但有趣的是，很多应聘者都没有注意到"行为"的表述。他们在听过导言以后，就认为他们可以随便谈论一个最近发生的、与我们所讲内容相匹配的经历。他们要么选的案例不好，要么案例中根本没有我们想要的信息。

但这没有关系，因为如果他们根本没有我们想要的答案，我们也需要知道这点。如果他们有，但只是没有被突出的话，那就需要进一步追问来确定。

如何设计第一部分：导言

设计导言有两个步骤，一是考虑一下你认为这个职位的关键行为是什么？二是起草措辞，这步不难。

关于第一部分，如何明确我们对于某一职位所期望的行为？请使用之前的调研原始资料。此外，以下是一些你需要问自己的问题：

- 如果我跟着他们每个人一整天的话,我会看到他们在干什么?
- 他们向我提供了什么样的工作报告,这些报告说明他们在干什么活?
- 当我向组织汇报的时候,他们的产出是什么?
- 是什么要素让我最优秀的员工表现得如此出色?
- 决定这个团队生死存亡的一两个标准是什么?需要什么样的行动?

这些问题能提供给你一大堆"素材"——可能不完全是一些行为,但没关系。它可能是诸如"召开项目会议""为我们的核心应用程序生成 C++ 代码""检查桥梁、比对已发布的标准"或者是"创造新的产品创意"之类的内容。

另一种方法更加简单——请你的主管来回答一下这些问题。你必须按照他们的观点来转换一下问题表述,但这并不难。顺便说一下,要请他们在 48 个小时内完成。因为我们发现,所有的工作在开始阶段质量是最好的。

现在是时候要起草措辞了。只要把"素材"——行为,如果你想要更精确表述的话——放入导言里面,用介绍性的短语来组成一个独立的句子,类似"我们需要定期做这些事"。具体例子如下:

- "公司经常要求我们产生一些新的产品创意。"
- "有时候,我们不得不从冗长的报告中推荐高质量的倡议。"
- "我们经常需要在很短的交付期内为客户提供产品。"
- "我们通常需要说服客户改变对于价格的看法。"

如何设计第二部分:问题

这是三个部分中最简单的。你可以制作一份可选的问题清单:

- 请向我描述一次你……的经历
- 请描述一个你……的场景
- 当你不得不……
- 请带我一起回想一下你……
- 请与我分享一个证明你……
- 请给我举一个你……的例子

- 请给出一个你……的例子
- 回想一下，你……

如果你喜欢，还可以准备更多。但不要在这块儿花太多的时间：少花点时间想怎么问，多花点时间想问什么。

如何设计第三部分：行为

只要把这些行为——你准备工作中所提炼的"素材"——加到第二部分已经开好头的疑问句中去。

第一部分和第三部分是紧密联系的。如果你使用了完全相同的表述，听上去可能会有点傻，所以措辞上还要稍微调整一下。

第六章

行为面试问题的范例

下面是一些行为面试问题的范例。它们出自管理者工具箱中的"创建面试工具",创建面试工具是专门供我们的工作许可方使用的。创建面试工具提供了一些行为面试问题(如附录所示),让管理者可以高效地开展面试。它会问你一系列与面试岗位相关的、关于各类成功行为方面的问题,通过评估并排列这些类别的重要性,并根据你的偏好来设计一个完整的面试。它还为你提供了评判高效答案和低效答案的标准。

如果新员工的工作的重要组成部分是做演讲:

- 你必须定期向我们团队和团队外的人员汇报你的工作情况。请描述一段你向一群人汇报的经历,以及你是如何确保演讲是有效的。

对于一位需要同时参与多个项目的主管:

- 我们需要同时做好几件事情。请描述一段你同时成功管理多个项目的经历。

对于一名经理:

- 我们公司的经理需要能够帮助团队成员提高专业技能。请描述一段关于你的成功经历,你是如何成功培养和管理你的团队成员的。

对于需要进行绩效管理的经理:

- 我们公司使用绩效管理指标来追踪绩效表现、沟通各种状况。请跟我说一说你曾经创建和使用过的团队绩效管理指标有哪些,你是如何进行沟通的,又是如何汇报结果的?

第三部分
筛 选

第七章

如何筛选简历

在仔细考虑过招聘标准、制定了考察的面试问题后，现在是时候开始筛选候选人了。

如果你跳过了前面关于如何确定招聘标准及设计行为面试问题的内容，那么你需要注意：如果你不知道应该找什么样的人，筛选简历就会变得异常困难。

筛选简历是把有意向、有潜力的应聘者挑出来，是构建面试人选库的第一步。我们知道有很多经理在筛选简历的同时会做其他事情，把这当作一份苦差事。

这是个错误的认识。做出雇用决策是很重要的，而筛选简历是组成雇用决策的一部分。当你做一件重要的事情时，还要同时想着其他事情，这是世界上最蠢的想法。

有技巧地进行简历筛选可以为你后期的工作节省很多时间。你会从整体上更好地了解应该找什么样的人，并逐渐清晰应该筛选哪些信息。

以下是筛选简历时应该注意的事项。

工作头衔——应该怎么解读

第一件事情：看一看应聘者在其职业生涯中曾经拥有过的工作头衔。我们的目的并不是为了找一个具有成功职业生涯路径的候选人，而是更简单的东西：我们认为，正确的人选（作为一名真正有潜力的应聘者）从资料表面上应该能够看出他对所应聘的岗位提前有所准备。

我们之所以说"从资料表面上来看"，是因为同一个工作头衔会有许多不同的称呼。在某些情况下，仅仅根据一个头衔来判断，很难确定某个工作头衔（如果是第一次碰到）跟我们的意向目标头衔是不是一回事。

在很多公司，有"经理"头衔的管理者并没有预算权（常规意义的经理是要有预算权的）。还有的地方，有"经理"的头衔却没有监督和培养主管的职责（尽管这应该是一项很普遍的经理职能）。还有一些公司，"董事总经理"的头衔并不代表他是一群经理的领导，这种情况在科技公司尤其普遍。

还有，多数小公司存在头衔泛滥的问题（有些大公司也会有类似的问题）。这些公司的逻辑是："掌管着 10 亿美元收入的公司负责人是 CEO，而我虽然只是个三人创业公司的创始人，不过好歹也是个负责人，所以我也可以是 CEO。"

一般而言，小公司头衔泛滥的原因是它们没有明白拥有高管头衔必需的两个标准："接近高层"和"远离基层"。简单解释一下，要拥有一个货真价实的高管头衔，你不仅需要位居公司权力顶层，还需要远离基层。如果公司的架构只有两层，就不该有人被称为"高级副总裁"或者是 CXO（泛指公司高管人员）。

辨别这些变化多端的头衔/工作/职业命名惯例是我们在筛选简历时的一个重要经验。需要注意的是，作为指导建议的第一条，我们并不是在构建一棵逻辑树[1]，任何"否定"的判断结果都会导致候选人被淘汰。这与我们管理者工具箱一贯倡导的逻辑是一致的，即所有的职前筛选的目的都是为了说"不"。

具体该如何操作呢？我们要坚持寻找拒绝应聘者的理由。聪明的管理者知道：同样条件下，20 份简历中挑不出一份来进行电话面试，和从中挑出 15 人来筛选相比，前者要有效得多。虽然一堆简历质量都很好的情况可能存在，

---

[1] 即是非判断，常见于编程语言中。——译者注

但从 20 份简历中能挑出 15 份"足够好"的简历是不可能的，只能说明筛选标准不够严格。不幸的是，对于一名经验不足的招聘经理来说，随着招聘过程的后续开展，对应聘者说"不"将变得越来越困难。

缺乏简单的"是/否"测试方法的原因是简历的内容缺乏标准，包括行业和工作头衔缺乏统一参照、岗位职责缺乏规范的标准和措施、命名混乱等。所以，我们无法建立一个机械的逻辑筛选模型，因为数据本身的变化性太强（主要是指简历上的相关表述）。

我们所要做的，不是创建一个非黑即白、单选复选的逻辑判断表单，而是告诉大家如何根据数据来做出专业判断。关于工作头衔，你要学会问自己："我觉得这些头衔怎么样？""我对这个人以前做过的工作是怎么看的？""这些头衔是我希望找的候选人履历吗？""我们在考虑这个职位的其他候选人时，他们是否应该拥有类似/相同的工作头衔？"

也就是说，当你看到简历中的一堆头衔时，因为行业不同，或者缺乏相关知识和可靠数据，所以你无法肯定头衔背后的含义，就决定把应聘者的简历放到说"不"的那一堆中去，这种做法是合理的。

如果你认为自己还没有足够的经验来做出正确的判断，请相信我们，你行的。我们碰到很多管理者总是在自我较劲，"我要用正确的方法做事，很多人看上去都知道该怎么做，为什么我却不知道"。这种认为自己缺乏有效方式的想法——其实这种方法根本就不存在——会让我们变得不自信。我们着实花了太多的时间来自我怀疑、犹豫不决、将信将疑地做事情。

现在你要放下心：**你已经具备了招聘经理所需要的所有判断能力和决策技能**。是的，在日后的职业生涯中，你可能会在筛选和雇用决策方面有更多更好的判断技巧。当你回顾往事的时候，你也会想，天啊，当时我（做得那么烂）是怎么保住工作的呢？我知道的那么少，还经常必须假装在工作，而其他人却好像知道一切发生的事情。

但事实是，你并不会因为更丰富的经验而获得判断能力，你的判断遵循的是同一个逻辑模式。不会有更好的模式，也没有人会指望你这么干。大家指望你的是一定要做出判断。不管遇到多大的困难，不论结果是好是坏，也不管你内心是多么没有把握,做你应该做的决定。对失败的恐惧不是管理者碌碌无为的借口,也不是你胆怯、缺乏速度和目的做事的借口。

如果你是新手,在简历筛选时的一个聪明办法就是:"如果我不了解,那就意味着对应聘者'说不'。"不要胡乱猜疑应聘者的某段经历是什么意思,自作聪明地判断他是否足够胜任,要相信自己的判断:如果将来这个人要归你管,你肯定已经知道他应该具备什么样的工作经历。如果应聘者并没有类似的经历,与其担心他们以前的工作有没有可能是一种完美的替代品,不如再考虑一下。对这些应聘者说"不",然后继续寻找其他合适人选。

这只是我们筛选的第一步,它的标准很高。如果你不喜欢、不了解你看到的某个工作头衔,那就没有必要再去深入了解它的工作职责了。我们不是在试图寻找应聘者可能为我们带来些什么好处!我们始终是在排除雇用的可能性。

如果你有任何疑问,记得说"不"。

任职日期和年限——应该怎么解读

现在我们继续来看简历上的工作年限,应聘者担任每个职位的时间有多久?如果某份工作在大部分公司都需要 6 年的储备经验,你难道真的期望应聘者只花 3 个月就掌握了?

如果可能的话,我们希望应聘者在有价值岗位上的经历多一些。我们还要留意并标记简历中的一些典型细节问题:某人只列出在某个职位的年份而没有月份。如果有人把某一任职的年限写成 2002 年到 2003 年,我们就无法判断他的任期是 2 个星期还是 24 个月。这将是非常大的差异。一般来说,遗漏月份的做法是为了掩盖短期的工作变动或是某些岗位上的不正常变动。如果年限只有 2 年,甚至是 2 个月,那么其背后可能存在应聘者因为违反职业道德被调整岗位的情况,而有这种经历的应聘者应该被毫不犹豫地排除。

我们建议,如果应聘者的职业履历中,所有工作都没有超过一年,我们应该对他说"不"。反复出现的短期任职也是一个不好的信号。当然,也会存在例外的情况，但是请记住：我们的第一要务是排除人选。

我们还要关注应聘者的近期工作情况。应聘者担任过类似的工作职位，但如果他的经历是五年以前的话，那么这对于应聘者将是个减分因素。

信不信由你，我们还会看到没有日期信息的简历，这是一个要掩盖信息的举动。有人建议经验"非常"丰富的候选人不要写上各段工作年限，这完全是一种误导的说法。缺少时间信息意味着缺乏清晰度和可靠性，或者是应聘者希望保留一些信息，以便万一存在分歧的时候自己能处于有利地位。

最有可能日期不明的部分就是教育经历。这么做通常是为了避免"年龄歧视"：因为某人的年龄偏大而不雇用他。这是因为我们可以用今天的日期减去应聘者的本科毕业年份，来简单地推算年龄。假设一个人毕业的时候大概是 21 岁，这样我们就可以确定他的年龄。

一些应聘者和招聘人员也认可这么个逻辑：我的受教育年限可能会帮助你确定我的年龄，而歧视我的年龄是违法的，所以我不跟你分享这些信息是合理的。他们经常还会有类似的说法："我不必告诉你，我是被解雇的（他们是对的，他们有权不说），所以我就隐瞒不说；这样，你就无法利用这一点来对付我。这和隐瞒毕业年份来避免非法歧视的行为，两者的逻辑是一致的。"

但我认为这是错误的。公司因为某个人曾经被开除而选择不雇用他/她是合情合理的，而应聘者故意不写毕业年份，是以假设雇主存在违法歧视意图为前提的。

如果某人遗漏了相当多的、你认为有必要了解的日期信息，我们建议你说"不"。不是因为他的年龄（你很可能根本不知道他的年龄），而是因为他故意模糊了有用的信息。一份简历中，没有足够多的正面信息、存在足够多的负面信息，两者都是说"不"的理由。

最后，我们需要看一下应聘者从业经历中的空窗期。筛选简历的一般原则是，即使求职者曾经失业（不论是主动还是被动的），这段历史也必须作为考虑因素。有些人可能是为了照顾生病的配偶和父母。还有些人休了两年假，既没有找工作也不需要找工作。当然，休假的原因也可能是因为被解雇了，标准的做法是应聘者应该把这段空窗期填满，并解释一下期间做的事情。比如，"1999 年 1 月—2001 年 3 月：照顾他人"是一个合适的表述，它解释了应聘者在一段不明情况的时期内做了些什么。

当谈到日期的时候，"合理的、令人信服"的简历和"事实说服力不足"的简历之间是有微妙区别的。前者——正确的方式——是以事实说话，并尽可能让它显得有说服力。后者则是以说服为目标，试图将真相——有选择地、不清晰地——融入一套说辞中。

我们见过很多简历，它的主人可以理直气壮地说："里面没有虚假的地方。"而我们得出的结论却是，应聘者不可信。日期经常是我们做出这类判断的一个依据。

公司经历——应该怎么解读

大多数管理者会孤立地看应聘者从事过的工作。但在两家不同的公司，即使是同样的职位头衔，工作内容也可能是非常不一样的。这些变量包括公司的质量、规模、行业、稳定性和增长情况，候选人负责任务的大小，质量达标要求的高低，同事效率的高低，是否使用与你们公司类似的专业系统等。

一些公司提供的就业经验明显好于其他公司。在最好的公司工作，获得的经验是在其他公司的 2~3 倍。

当然，问题是，哪些公司才是好公司呢？理由是什么呢？我们无法简单回答这个问题，但仍然有一些通用的规律。

关于了解某个人的公司经历，最重要的是要了解候选人为谁工作。如果你看到一个不认识的公司名字，不要以为你就无法获取任何有助于筛选的有用信息了，搜索一下那个你不知道的公司的相关信息。记住，整个过程中，你不是要寻找依据帮助候选人进入下一轮，而是在寻找理由把他排除掉。

当然，对于一些比较有名的公司，你会有一些常识性的了解。你可以找找上市公司的公开信息。有些公司可能是你的竞争对手，你也会有一些了解。

- 在同等规模下，在规模增长的公司工作比在规模稳定的公司工作的经验质量更好。增长通常意味着成功。对于同一职位而言，随着时间推移，这意味着更多的职责、学习机会和发展成长。意味着有机会跟新的、不同的人打交道，也就是说需要更好的人际交往技能。我们所指的增长，不是指人数；相反，我们指的是营收和利润的增长。顶级的公司，业绩增长却不需要雇更多的人。他们通过提高现有人员的能效来提高生产力（这意味着每个人都要做更多的事）。

- 这并不是说在一家日渐萎缩的公司工作就一定是件坏事情。对于这种经历，有这么个称呼：低迷时期的成人礼。有一到两段在衰退期企业的工作经历不是问题，有时还可能是加分的经历。

- 记住，不同规模公司的增长是不同的。对于世界上最大的公司沃尔玛来说，要想增长 10%，他们一年的营收增长相当于又创造了一个世界财富 50 强的公司。这是不可能的（如果没有并购的话）。然而对于一家非常小的公司而言，如果说它是在成长的话，10%几乎是增长底线。公司的规模越大，增长就越困难。在一家停滞不前的小公司的工作经历是需要特别关注的。对于一个候选人来说，没有成长空间的小公司经历通常意味着他可能会给你的公司带来各种低效、专注内部利益的行为风险。

虽然小公司和大公司之间没有明确的界限，但一个比较好用的大致标准就是人员规模是否达到 100 人。那些有 100 名员工的公司不会认为自己是一家小公司，但它们与那些人数低于 100 人的公司之间有着相似的特点和行为倾向。100~500 人是对中等规模公司的粗略估计，它们之间的特点和行为倾向通常是类似的。大于 500 人，就是大规模的公司了，它们通常会具备超大公司的所有特征。

不要想当然地认为，因为公司的业务没有增长，所以你就想从同样没有增长的公司来招人。在同等条件下，你想要的是来自增长公司的人才。

如果你要求某人从一家大公司跳槽到你这家小公司，或反过来说，一个人以往只有大公司的工作经验，这是一个危险的关注点，但这不是排除某个人的理由。如果这个人进入面试阶段的话，这确实是一个需要关注的内容。

另一个好的做法是：当应聘者前后去了两个有重大差异的公司时，要做一个标记，或至少要有所顾虑。如果某人在你的同行业工作，他的公司大，而你的公司小，这也许没什么问题。但如果他在一家不同行业的大公司（也没有你这个行业的经验），这就预示着挑战。

有一个能减轻风险的办法，那就是在你决定面试这位候选人的时候，一定要询问他在以前工作中使用的体系。如果这个人与你的职位要求"接近"，但从未使用过你们的体系，从未采用过你们的技术，从未管理过预算……这些操作上的脱节很可能会大大影响这个人入职初期的效率。在他的简历上做个标记，如果他通过筛选到了面对面沟通的阶段，记得要仔细询问。

职业成长路径——应该怎么解读

当你在思考一个人的职业成长路径时，很简单，问问你自己：他们成长了吗？其中的关键是，成长可能有很多不同的方式。

如果一个人在同一个公司的类似岗位上做了很多年，你可以看看这个职位的职责是不是增加了，或者他是否因为行业和技术变化有了显著的学习成长。职位不变可能不是问题，但我们需要看到应聘者日益掌握所需的专业技能，在工作中持续学习新的技能，及是否教导、指导同岗位或者身边的其他人。如果这些经历没有被写在简历上，很可能就是没有。

此外，要警惕那些在规模大致相同的多家公司里面担任相同职务的人。这不但不是一种成长，还可能预示着应聘者有忠诚度和人际关系方面的潜在风险。

对于职业成长，有一个重要且被普遍接受的规律，那就是：如果一个人以前没有管理经验，不要雇她来你的公司从事管理工作。但我不是在说，你就不能从其他公司请一位经理来担任你公司的董事总经理。很多小公司经常会聘请大公司的经理来担任董事职务，因为在大公司，经理的工作范围往往要比小公司的同等职位大得多。

但从另一家公司雇一名基层员工来你的公司担任管理岗位，就从来不是个好主意。

岗位职责——应该怎么解读

岗位职责通常是简历的主要构成部分，原因是每个人都会有这部分内容。每份工作都会有岗位职责，而且内容很容易从工作描述或绩效评估之类的文件中找到。职责是准备简历过程中最没有危害的、不重要的、唾手可得的内容。

职责是有用的，甚至是必须了解的。但浏览简历中的工作职责有一个很大的问题，你事先要知道。

首先，求职者经常用项目符号把职责一项项标示出来。好的简历中，符号标示突出的应该是工作成果。许多求职者知道这一点，他们把自己的职责用项目符号标出来，是企图把自己的职责模糊为成就。对于一位熟练的简历筛选者来说，这意味着低绩效的表现。

记住一点，被解雇的人和在这个职位上表现出色的人，他们两个所承担的工作职责是完全一样的。这句话还有一层意思：应聘者用符号标识出的一项成就，只是在对应职责的基础上稍微修改了一下措辞的做法，其实是在暗示——不是陈述——完成某件事情很简单，仅仅因为他被赋予了职责，他就完成了。

这意味着我们必须警醒地阅读每一条内容，并将那些实际成就与简单的职责区分开。一份罗列了很多职责但没有任何成就的简历会是一个重大的危险信号。我们最坏的假设，是这个人在曾经做过的每一个工作岗位上最终都被解雇了，或者她的工作很糟糕。对于这样的候选人，你当然会对她说"不"。

假设我们看到一份既包含了职责又描述了成就的简历，我们的重要任务就变成了要确定这些职责是否与职位相匹配。

我们中有很多人错误地认为，只要工作头衔是相同的，岗位职责就应该与我们所认识的是一致的。但这显然是错误的，会导致我们对工作经验放松警惕。

工作经验不是指一个人曾经做过同一岗位的工作，经验甚至也不是她的职责，**经验是她在岗位上取得的成就**。如果你把一个岗位的头衔大致等同于工作经验，你就会对职责与假设不符合的情况毫无察觉。有时候这是好事，有时候会是坏事。但大部分情况下是坏事。

对于每一份工作，我们要用批判的眼光去看待它的头衔。假如你对这个工作头衔有一定了解，思考一下这个头衔需要哪些工作经验。回想一下，你认识的某个人如果能胜任这份工作的话，他应该是个什么情况。然后将你对职位的理解与求职者列出的岗位职责做比较。

不要假设。面试中最大的一个错误，就是想当然地认为同一个头衔、职位或工作经历，无论是在我们公司还是在其他任何地方，都是一样的。但是，公司规模、增长情况、组织的质量、管理层、专业技术都在职责的内容和意义上扮演着重要的角色。

有一个能很好地说明这种假设错得离谱的例子，那就是当我们在招聘一名经理的时候，很多人会错误地认为经理的职责都是相似的，但其实并不是。有些经理只有3个主管，而有些则有15个。有些经理需要管理外包方，有些则不需要。有些经理需要管理多个班次，有些则不需要。有些经理需要写绩效评估，有些则不需要。有些经理有预算权，有些则没有。有些经理有明确的内部客户，有些则没有。有些经理有明确的工作目标，有些没有。有些经理必须制定正式的绩效发展计划，有些则不需要。有些经理需要管项目，有些则不需要。有些经理需要远程管理下属，有些则不需要。

所以，对于每一份工作，你需要扪心自问：他们的职责和头衔相匹配吗？然后再问一句：相比你需要招聘职位的要求，应聘者以前担任的职责是否足够。

同时，试着在应聘者的职业生涯中寻找更多的职责。更多的工作经验（如果只是时间上的积累）意味着一个好的候选人除了通过换工作、承担更高层次的职责以外，在同一份工作中也会不断地承担更多职责。对于一个职业相对稳定的候选人来说，在同一份工作中职责层级的增长显得尤为重要。如果一个人的职业生涯平淡无奇，职责也没有增加，意味着这个人不会改变、不会成长。那可能不是个问题……也可能是。

在某种程度上，应聘者的从业经历中职责内容倒退了，并不一定是一个需要关注的问题。这可能是由于跳槽到了一家更大的公司，也可能是遇到了职业挫折。这可能是一个把他排除在外的理由，但如果你不能确定，请做一个标记，如果他能通过这一轮审查，记得当面追问一下。

工作成就——应该怎么解读

工作成就可是简历中的好东西。成就才应该是简历存在的理由，尽管很多情况下我们看到的并非如此。我们看过成千上万的简历，用项目符号突出的都是些工作职责，我们之前已经对这种做法做过批判了。过去，大家都默认只有成就才是应该被突出标示的。但现在，应聘者甚至会在简历中重点标示他们被解雇的经历。

所以，仅仅看那些重点标示的内容是不够的。我们很多人在审查简历的时候，都默认成就才是应该被重点标示的部分，当我们看到一份把职责部分突出标示、并把职责与成就混为一谈的简历时，我们会扣除对这份简历的印象分。当我们发现一名从事管理工作的应聘者也这样做的时候，我们所要担心的不仅仅是应聘者这么做背后的小心思，还包括它会错误引导审查官采取一种不正确的积极策略，即关注应聘者的长处。可是，简历筛选的目的主要是为了说"不"。所以，在筛选过程中建立一种正确的、偏负面的、谨慎确认的心态是最重要的心理要求。在面试过程中，我们也应该如此。

下面是一些筛选工作成就的简单原则。

这能算作一项工作成就吗

我们需要筛选掉任何被伪装成工作成就的职责。以"负责……"开头的句子99%可能是职责。我们经常碰到有些管理者会说，"不是的，他们只是要表达承担了比常规岗位职责更多的内容。"这可能会是真的，但可能性不是很大（更有可能是筛选者为了说服自己而产生的偏见）。

如果应聘者是个管理者，任何以"管理……"开头的事情就是职责。如果这个人管理过 15 个人，而你招聘的职位只需要管 8 个人，他的经历仍然算不上一种成就。是的，这可能只是一个后期值得关注的点，但证明不了任何事情。

这同样是一个很好的例子，可以说明在简历审查中，应聘者的职责和成就的微妙区别。假设某个人曾经管理过 15 个人的团队，而你筛选简历的那个管理职位只有 8 个直接下属。在你目前的公司里，有些经理原本只管 4 个人，后来需要他们管 8 个人的时候，就显得无所适从。这种情况下，你就应该在"15 个人团队管理经验"前面打个钩，把它作为候选人的一项管理加分项。

但这也可能是个错误的决定，因为成就指的是要超出普通的标准，而被管理的下属中人员绩效优秀的比例高才是一项了不起的成就。管理的人数多，并不能算是一项成就。

这主要有两个原因。首先，你并不知道候选人原来公司的平均管理人员幅度是多少。可能在他原来的公司，15 个人的管理规模并不大。也许他原来的下属的工作内容同质化程度比较高，而你的岗位则需要与不同的专家打交道。一般来说，个体的工作内容相似，管理人数就要多一些。管理人数少也可能是因为要聚合不同需求来创造价值。所以，管理幅度很难在不同公司之间进行比较。

其次，有些人没有把与管理下属职责相关的具体成就罗列出来，有可能是她有目的地掩盖自己工作不力的事实，否则的话，她一定会列出诸如下属绩效好、人才保留率高等事实。

这是值得注意的工作成就吗

有些工作成就表面看上去确实是这么回事，但实质上不过是"礼节性的夸奖"。即使我们学会了对那些把职责伪装成工作成果的简历说"不"（因为"这个人毫无成就"），我们仍然会被那些成就不够显著、不足以证明应聘者优秀的简历所动摇。

例如，"完成了关于……的季度目标"虽然能完成工作目标总是件好事情，但事实是，如果一个人连工作目标都无法完成，那么他将面临失业的风险。

这肯定不会是我们期望的候选人所应该达到的标准。一项值得关注的工作成就，必须包含一些独特性指标，而不仅仅是达到岗位的预设标准。

达到岗位工作标准并不是什么了不起的成就。那些诸如"唯一""第一""董事会圈层"的词（假设是名副其实的），才能证明某个人是"出色的绩效者"。要学会从简历中找到那些能区分是优秀还是仅仅保住工作饭碗的特殊词汇。

这是一项无法衡量的成就吗

很多简历上写满了无法衡量的工作成就，它们可以让候选人听上去很不错。但是对于一个筛选简历的老手来说，简历中含有太多这样的内容，反而会给人留下不好的印象。

- 示例："以……而闻名。"（*Noted for*）当一个老板在说"做得不错"和他在年度绩效评估中就某项具体结果评价"这让她与众不同"，这两个举动之间，是有很大差异的。两者都可以名正言顺地被称为"以……而闻名"，但只有后者才是筛选过程中需要被额外关注的内容。

- 示例："意义重大。"（*Significant*）当你看到某些工作成果的时候，你会马上意识到它具有重大的意义。"第一"这个词当然是符合条件的，"最好"这个词也不错（虽然比第一名的效果弱一些）。但是如果没有其他的修饰词，"意义重大"有时候并没有什么现实意义。事实上，对于一个经验丰富的简历筛选者来说，使用"意义重大"这个词而缺乏其他的修饰词来补充说明，会让"意义重大"显得多余，甚至变成一个"吹嘘工作成就"的危险信号。

另一个与"意义重大"类似的词就是"重要"（*Important*）。如果一件事情很重要，那么它的重要性应该是显而易见的。特别强调一件事情的重要性、特殊性和值得关注，往往说明它并不重要。比如，"以获得NBA2016年全明星的出色表现而著称"是一种多余的表述。"NBA2016年全明星"就足以说明这一成就，添加修饰词反而会弱化它的说服力。

对于简历筛选者来说，没有可量化和说明的能力是值得怀疑的。

如果你还有些疑惑，请看以下的示例，问问你自己，能不能判断这份成就是不是足够好：

- 因为对部门的季度业绩做出重大贡献而获得好评。

能够让我们对于应聘者的能力不再警惕的工作成就，是在简历中运用大量体现同等能级或更高水平的、量化的杰出成就。量化的数据能体现卓越的程度，并为定性的评价增加可信度。

的确，一个人可能拥有含金量很高的职业经历，但由于不擅长制作简历而无法把自己的价值凸显出来。但请记住两件事情：我们是在寻找把应聘者排除在外的理由，我们是在评估应聘者的简历内容，而不是评价他本人。

最后要再次强调的是，如果你找的是那些证据不足、无法衡量、无法量化的"工作成就"，你总是能找到的。接下来，我们将进入下一阶段的简历精选工作。你可能会回想起很多以前被你筛选通过并进入面试阶段的应聘者的简历，在学习了我们的内容后，非常希望能"重新来过"。如果是这样的话，欢迎加入我们的团体。

教育经历——应该怎么解读

随着应聘者专业工作年限的增加，对教育背景的筛选价值是下降的。但这有个前提，那就是他的专业工作成就相比他受过的教育而言，能更好地预测他在应聘岗位上未来的职业成就。

但是，对于一个较初级的职位来说，有效的教育背景筛选是必不可少的。同时，对于许多高级职位的候选人来说，教育背景筛选也是必要的。

在考量应聘者的教育经历时，需要问三个问题：

- 应聘者的受教育程度是否足够？
- 应聘者的受教育质量水平如何？
- 应聘者在接受教育期间的表现如何？

应聘者的受教育程度是否足够

回答这个问题，要从你招聘的岗位角度来思考。有些职位对于受教育程

第七章 如何筛选简历

度并不需要做强制性要求,有些职位需要大学本科水平,还有些要求更高。如果应聘者没有必要的教育背景,那就把简历放到说"不"的那一堆里面。

但也没有必要死板地卡在职位所要求的受教育程度上。一位聪明的招聘经理会问自己,她所招聘的岗位上绩效最优秀的员工是否具备所要求的受教育水平,甚至更高。(一般来说,你需要比较的是这个员工刚从事这个职位时的受教育水平。)如果我们是在找说"不"的理由,那么从你的候选列表中,增加一道筛选,通过比较候选人的受教育程度来淘汰一些人的做法也是合理的。

然而,当我们审查一个应聘者的教育经历时,必须要警惕一个最常见的**错误:主观地认为某人一定完成了学业,但实际上并不一定**。最常见的原因是被他在大学期间度过的时间所误导。当招聘经理看到诸如,"洛杉矶学院,金融系,1997-2001"的表述时,往往就会认为应聘者已经毕业了。但有经验的招聘人员和经理会告诉你,他没有毕业。因为应聘者通常会把 4 年期限以及相关的学位和专业一起写出来,但以上表述缺少了关于获得学位或正常毕业的内容。这条内容正常的写法应该是"金融本科学位,洛杉矶学院,2001"。

你可以自己来判断应聘者是否存在有意误导,也许他只是不清楚该如何在简历中正确地表述自己的受教育经历。虽然这可能是真的,但事实上只要他快速浏览一下任何简历指导网站,都能很快学会如何正确地列出受教育程度。因此,也许我们应该原谅他的无知,但仍然会因为他没有为自己人生最重要的专业文件做一点点的准备工作而说"不"。

关于简历的基本原则是,应聘者应该以招聘专员和经理所希望看到的方式来呈现自己的信息,而不是以自己想要的方式。这是霍斯特曼[①]定律关于简历的推论,即沟通必须以听者的方式来进行。关于大学学位最有效和普遍的表述方式是:学位、专业、学校、地点、毕业年份。如果你在筛选简历时看到其他一些非正规的表述方式,那就需要留个心眼。这会是一个信号,也许这份简历需要被放到说"不"的那一堆。

[①] 作者本人。——译者注

应聘者的受教育质量水平如何

在筛选简历上的教育经历时，我们在这方面给予的关注度远低于它应得的水平。大部分招聘经理和招聘专员对于世界各地教育机构的教育质量并没有足够的了解——要了解起来其实很容易。对于美国的招聘经理来说，信息其实很容易获取。举个例子，很多人都知道澳大利亚维多利亚州的墨尔本大学是澳大利亚最好的学校。但很多人却不知道莫纳什大学也在墨尔本，而且是澳大利亚排名前五的学校之一。

从印度理工学院（IIT）毕业的学生普遍被大家认为是精英，因为其入学竞争异常激烈。而印度国家技术学院（NIT）虽然不如印度理工学院，但也是很好的学校。如果你不知道这一点，当你在面试一个有这类学校经历的候选人时，你将在筛选和招聘过程中处于不利的地位。

教育质量之所以重要，部分原因还在于，能从一所入学门槛高的学校毕业是一种信号。我们刚才提到过，能进入印度理工学院学习，本身就体现了一种竞争力。在美国也有类似的学校，比如哈佛大学、斯坦福大学及其他一些常青藤名校。（当然也有一些学校在某些行业的实力很强。沃顿商学院的MBA就以财务方面的专业分析能力而出名，而西北大学的MBA毕业生的营销专业能力很强也是名声在外。）

对于美国的招聘经理来说，知道这一点很重要，那就是外籍应聘者虽然可能没有机会去那些他们熟悉的美国大学读书，但是这个人曾经就读的本国/外国大学的竞争可能远比美国常青藤名校激烈得多。而对这些卓越的学校缺乏了解，是招聘市场的一个竞争劣势。

在美国还有许多学校，在当地是很有名的，而在全国可能名气并不响。比如，伦斯勒理工学院（RPI）就是一所杰出的工程学院，类似情况还有伊利诺伊大学香槟分校。加州理工学院（*Cal Tech*）对于技术行业以外的人可能默默无闻，但在业内普遍认为它可以排在全球顶尖的工程与科学技术学院的前五名。通过做一些简单的在线搜索和信息比较，你其实很容易就能了解到这些特殊信息。

应聘者在接受教育期间的表现如何

仅仅完成某种程度的教育是不够的。接下来一个很重要的问题是，他学习期间的表现如何。这和我们关于职业生涯表现的问题其实是一个道理。不仅仅看他做过什么工作，还要看表现得如何。不仅仅看他在哪个大学读书，还要看他读得怎么样。

第一项内容是，他的学业成绩如何？对此世界各地的记录方式不太一样。在美国，衡量标准是学习绩点（GPA）。学习绩点达到 3.0 是好学生，这是一个高于平均的水平（4.0 是满分，3.5 是出众）。英国的体系将表现最优秀的那一档称为"一等"。第二档还再分为上下两个部分，分别叫作"二等一级"和"二等二级"。德国跟美国的体系正相反：1 分是最高得分，4 分反而是低/平均分。当然，大部分的招聘都是在国内进行的，大部分招聘经理也熟知自己国家的标准。当然，了解了这些内容，还要学会把它作为筛选简历的标准。

虽然我们通常无法从简历中直接了解学习绩点的情况，但是一个工作年限不长的人员，简历上很可能会列出各种各样在校期间的活动和荣誉，这让我们能得出一个整体性的评价。一个刚毕业的大学生如果在学校里面没有什么突出的成就，而另一个学生有着优秀的学习绩点、丰富的课外实践经历、在校期间当过学生干部，那么前者成为一名优秀绩效员工的概率就要比后者低。

在大学期间缺乏高光的表现是学生被拒的一个重要原因。

简历的准确性——应该怎么解读

我们在管理者工具箱看到过的一多半简历中都存在错误，25%的简历还存在多处错误。简历的准确性很重要，应聘者也知道准确性很重要，所以，任何错误都是值得关注的。

应聘者都知道，别人会直接根据他的简历内容来决定他们能不能进入下一轮，他们也应该知道准确性是一个决定性因素。既然大家都知道把细节做对做好在招聘过程中很重要，而我们在筛选过程中总是在寻找说"不"的理由，那么我们对于那些做事不够努力、连细节都做不好的应聘者就没必要再进一步地进行了解。

请记住，简历是一份书面文件，它是书面交流的一种形式。在书面交流中，准确性是非常重要的，一份存在错误的简历的背后，是一位糟糕的沟通者。你有过明知某个人沟通能力不行，但仍然雇用她的经历吗？如果有的话，你就会明白，有些问题你可以试着忽视，但通常（几乎总是）以失败告终。这是因为我们大多数人每天在工作中最常做的事情就是沟通交流。如果你打算雇用一个简历上有错误的人，也就是在雇用一位不善沟通的人，你是要打算跟一个会不断地发错误百出邮件的人一起工作吗？他对他的下属……对你的客户，也会犯同样的错误。

拼写错误尤其严重。由于文字处理技术的发展，要把一个常用的单词拼错还是需要花点功夫的。一个人如果知道"there、they're、their"这些同音异义词的区别，知道什么时候该用撇号把单词隔开，说明这个人工作努力、聪明而且注重细节。

与一般人的常识正相反，移动设备在提高我们做事效率的同时，与准确性并不矛盾。软件可以帮助你在很短的时间内检查所有的拼写、语法和大小写。缺乏准确性不是工具或资源的问题，而是一种行为选择和态度。我们认为速度优先于准确性，但在书面材料中，准确性是更珍贵的，速度则反而是准备不足的标志。

所以，检查一下拼写错误。如果你想原谅一个人的拼写错误，没关系。但我们永远不建议你这么做，虽然我们能理解，你也仍然可以雇用这位应聘者。但如果你不知道该怎么做，那就把那些即使只有一个错误的简历放在"可能通过"的那一堆。

如果简历里面存在不止一个错误，请拒绝应聘者。没有但是。有趣的是，有一个领域（在美国）的求职者的简历经常超过一页（我们能理解其中的原因），那就是学术领域。教授和研究人员的简历通常长达五六页。在大学和研究部门，准确性和对细节的关注当然是很重要的考察内容，但是学术人员的简历中发生错误的比例远比公司或专业人员要高得多。

相关性——应该怎么解读

相关性是简历筛选过程中经常被忽视的一个方面，它说明了应聘者过往的经验优势是否与你招聘的岗位和行业相关。

一般来说，如果你不是一名经验非常丰富的招聘经理——在这种情况下，意味着你已经多次筛选了简历来决定面试的名单——相关性低的简历，即工作经验与行业或招聘职位关联不大，是一个说"不"的理由。

许多管理者认为"它们有相似之处"，比如"贸易都是一样的""商业都是一样的""营销都是一样的"及"好的开发人员会精通所有程序语言"。这些话既是实话，也是废话。事实上，对产品和特定行业的具体知识很重要，在工作中花时间再学习，就会严重拖累生产效率。

寻找相关性还能帮助我们留意应聘者职业成长生涯中的非线性变化，及在职业道路和行业中是否缺乏坚持。如果一个人从营销到销售再到客户服务，在多个行业都做过类似的工作，但都没有取得成就，而且每项工作的任期也就 1~3 年，那么他很可能在 1~3 年间就会离开你的行业、岗位、公司和团队。我们是希望雇用员工还是把业务承包出去？我们应该为这个人的职业生涯管理投资多少成本和精力？我们跟他/她关于未来发展的谈话（通常会一对一进行），有多少可能会是白费精力？

这并不是说线性的职业发展道路是通往成功的唯一途径。这个选择根本不存在。有一些有着不同寻常背景的优秀候选人，他们很可能非常适合你要招聘的职位。具有这种背景的候选人往往能证明这一点，有时甚至还做得相当不错。

但用这类情况为我们自己找借口，那就是在为了雇用而寻找理由。我们不是在为雇用而找理由，而是为了说"不"而找理由。对于那些尽管背景并不理想、但自认为会是一个优秀雇员的应聘者，合适的回应是：如果我们是为了雇人而来找理由的,那么我们会在每个应聘者身上都找出一堆,因为每个人都会有特长。如果一个职位有 100 万个候选人,唯一合理的办法就是尽量想办法排除候选人的名单,而不是纳入。

如何决定谁才能进入下一轮筛选

这是相对容易的部分。有了这些标准,并树立了说"不"的原则,你就能分出三堆简历:不合适、后备和合适。如果你对一位候选人还有疑问,但他的情况与你理想的候选人相差不大,你完全可以把他放入"后备"名单。

还需要记住的是,我们分享的所有规则都是允许有例外情况存在的。你可能只是有一种"直觉",某个候选人在筛选中发现的问题并不像看上去的那么严重。这可能是对的。因为生活从来就不是一条直线,我们所有人走到今天都曾遇到过坎坷。

没关系,这是你自己的流程。你完全可以根据自己的判断来把他们放入"后备"名单。只是不要混淆"原谅一个小错误"和"为候选人找被录用的理由"两者间的区别。把他/她放入"后备"名单,然后先把"合适"的名单里面的候选人都过一遍。

要试着对你所有的候选人都应用同样的标准。如果你对于行业经历的要求比较宽松,记得对所有人都那么做。为什么呢?因为这个筛选过程是主观的,很容易受情绪、精力(当筛选太累时,就很容易拒绝候选人)的隐性影响。

同时,尽可能多地搜集简历。除非你了解并信任你的 HR 伙伴,而他们也了解你的需求,否则千万不要让 HR 帮你把"后备"名单从 500 人删减到 100 人。通过筛选来排除 400 个人的简历其实花不了多少时间。而让那些对招聘职位没有深刻了解的人来筛选的简历数量越多,对错误候选人说"是"的概率也就越高。

一旦你看完了所有候选人的资料,你就有三堆简历了。把"不合适"的那堆扔了,除非你想用这些材料来训练你的下属主管和 HR,你是如何筛选和判断的。把"后备"的那堆暂时放在一边。对"合适"的那一堆候选人开始进行电话面试。

如果"合适"的候选人数量太多，要么随机挑些，要么重新校准你的筛选流程。

简历筛选和电话面试是你可以选择的最有效率的工具，来近距离了解你的候选人。面对面的面试则是选择合适候选人的最有效工具。

随着时间的推移，你会变得善于筛选你所要招聘职位的候选人。我只是给了你一个基本的流程框架，在此基础上你还可以个性化地完善这个流程……在你的职业生涯里，有时候你可能会做 100 次这类的优化。因为招聘很重要，所以你需要经常这么做，提高招聘的效率效果是非常重要的。

第八章

如何通过社交媒体对候选人进行再次筛选

我们强烈建议你审查潜在候选人的社交媒体行为。社交媒体上的发帖、活动和个人资料是观察潜在候选人习惯和性格的有效指标。

这些年来，我们听到很多管理者和应聘者的抱怨，他们认为审查社交媒体上的个人痕迹是一种"侵犯隐私"的行为。我们不同意这个观点，因为社交媒体并不是私人活动空间，而是可以对外公布的公共空间。（我们当然不建议用不符合职业道德的手段来检查求职者的线上活动痕迹。）

这里有一个能帮你更好理解我们观点的例子：假定候选人很好地回答了你所有的筛选问题，看上去也拥有合适的背景和经验，所以你请他来参加需要一整天的现场面试。这也是你们招聘流程的最后一个环节。

在当天的面试中，根据我们的建议（具体稍后解释），你为他安排了一顿工作午餐，当天还有三四名你的直接下属参与了面试。你明确地告诉应聘者，午餐不是面试，只是一个非正式场合下让双方更好地互相了解的机会。（当你有一天成为应聘者的时候，请记住一点，即使你不是在面试过程中，对方始终处于对你的评估中。）你也很清楚这一点，这是应聘候选人了解你和未来同事们的一个机会。

午餐时，你的候选人吃饭出奇地邋遢。他把食物弄到了脸上——这可能会发生在我们所有人身上——但是他竟然用袖子来擦脸。他吃完饭后没有用餐巾纸把桌子上溅到的小污渍擦干净。他评价饭菜的味道不够好："这菜做得不好，太咸了。"席间，他还几次打断了别人的谈话。当你的团队成员问他关于曾经工作过的一家公司的情况时——事先解释了他本人几年前也曾在这家公司工作过——候选人回答说："我想你刚才说过，我现在不是在面试。你在那儿的经历是什么样的？"

我们对这个人的雇用建议是，放弃雇用这位候选人。记住：评估候选人的目的是为了说"不"。尽管他的面试表现良好，但他在午餐时的行为表现得既粗鲁又不职业。你会意识到：这个人缺乏教养。

你可能会不同意这个结论，也许会说："我们只关心他的技术能力。不太看重礼节、礼貌，也不太看重他是如何与人相处的。"但我要提醒你，你的认知，正在引导你犯错误。因为，解雇一个人通常会因为两个原因：要么是无法完成工作要求，要么是做出了有损团队士气和沟通的行为。午餐行为是值得注意的，因为我们必须假定这些行为特点很难改变。你既然假设他在面试中的"良好"行为或回答在未来会保持下去，那凭什么就能肯定那些不良行为习惯不会被重复呢？根据我们的经验，本性是很难改变的。

这个午餐行为的例子其实和应聘者在社交媒体上的行为表现是一个道理。在招聘时，我们不能局限于求职者的面试回答。我们要关注整个人，而不仅仅是狭隘地关注他的技术技能。完整的候选人，也包括他所有的人际交往习惯和沟通缺陷。这些都将在与你共事的过程中逐步体现出来。员工不是机器，而是人，他们必须要与其他人进行合作。

你可能还会有这么个观点：候选人在社交媒体活动中的行为（在大多数自由国度）属于"言论自由"，这通常没有错。但你要知道，雇员在工作场所一般并没有言论自由的权力（多数国家都有相关法律依据）。你并不能在工作中随意发表言论，并称之为"言论自由权"。出于同样的原因，职场通常遵循"随意权"，也就是说你可以因为任何理由辞职，而老板也可以因为任何（行为）理由解雇你。

通过社交媒体筛选候选人，指的不是要在政治、社交、爱好或兴趣方面寻找与你"志同道合"的人。这种做法往往涉及歧视，对此我们强烈反对。事实上，如果一位候选人在社交媒体上表达的政治观点与你公司的常规或主流观点不一致，但他仍然能表现出尊重、智慧和同情心的话，这样的候选人反而可能会激发组织的活力。我们自己也有过类似经历。

我们建议你通过社交媒体要寻找的是：候选人可能会在日后工作中出现不职业、不道德或沟通方面问题的行为或迹象。

在我们分享一些需要注意的具体内容之前，还请记住，在管理者工具箱，我们希望给出"长久有效的"而不是"及时的"建议。但在涉及社交媒体的时候，"长久有效性"是很难保证的。

举一个技术/社交媒体世界不断变化的例子，管理者工具箱的第一个播客指导最初取名为"MySpace 直播间"。这是因为第一次播放是在 2008 年，当时 MySpace 还没有被 Facebook（还有撰文时的 Instagram 和 Twitter）所超越。

截至 2019 年，以下是我们的社交媒体筛选指南：

- 领英（*LinkedIn*）：应聘者网站上的个人资料和他/她的简历内容匹配吗？在撰写本文时，领英还是使用最广泛的专业社交媒体网站。很多人的简历内容和公开的领英个人主页资料之间存在着明显差异，这个数量一直让我们很吃惊。比如，他们简历和领英上列出的公司和工作是否一致？他们的工作经历或公司是否在其中一方缺失了？

- 领英：应聘者是否有公开认可/推荐信？他们是否具备了你招聘职位所看重的技能。没有这类背书可能会是一种迹象。对于经验较少的候选人来说，情况可能不够真实。这些推荐是由谁提供的，提出多久了？如果是来自同事（同期在公司一共工作的人），分量就会比来自客户或管理者要轻。如果推荐信是 10 年前写的，那么更仔细地看一下候选人过去 10 年的简历是很有意义的。也许他后来几年的表现水平有所下降了。

- 领英：他/她有没有发布/喜欢过让你质疑的内容？就像前文中的午餐例子，是否有些帖子会让你质疑应聘者的专业沟通能力和团队合作能力？如果候选人对所在组织发布了帖子，帖子的内容是否有礼貌？当有分歧的时候，他们会以一种令人愉快的方式来处理吗？他发布的内容都是些具有挑战性和有分歧的帖子吗？还是她会喜欢/赞同/支持她所认同的观点？

- **Facebook/Instagram/Twitter：有没有照片/帖子揭示这个人的负面消息？** 一个能够表明候选人判断能力不足的典型案例就是，他的头像照片是醉酒状态的。喝醉酒（如果是私下里或不开车的情况下）不是什么问题，但公开展现一个人的醉酒状态（曾经有个帖子就是这么做的）是不成熟或判断力差的表现。我们记得曾经有位候选人竟然用他在监狱里的照片作为头像。也许他是无辜的，但公开展示这张照片就是判断能力差的表现。情况并非总是像我们表面看到的那样：也许他是因为和平示威而被捕的。但这种网络行为应该引起对他判断力的质疑，因为判断力是每天工作中都需要用到的。一般来说，一个人在个人生活中的判断，无论是否受到现代自由权的保护和支持，都是这个人会带入公司的行为指标。

政治观点在社交媒体上是受保护的。我们通过行使这些权利来表达对言论自由的感激。但是诋毁他人或对立观点的政治演讲是值得从专业方面进行考量的行为：候选人在工作场合能否用礼让和尊重的方式来表达不同意见？

- **他是否完全删除了个人资料？** 这可能是个问题，也可能不是。但如果你不去查看社交媒体，又怎么会知道呢？这才是我们所担心的。
- **软件开发职位的候选人——上 StackExchange。** 虽然候选人在 StackExchange.com 上没有账号，可能并不是排除一位候选人的理由，但我们会建议软件开发经理评估候选人在这个平台上的表现，并对候选人的行为和贡献打分。类似的，在软件开发领域，Twitter 被用来公开地进行协作。候选人在那里的评价如何，行为表现怎么样？

综上所述，使用你的社交媒体评价方法来搜集信息，把这些信息添加到你对候选人的了解中。我们不建议仅仅根据社交媒体行为来排除候选人。（如果你了解面试的第一原则，你会很清楚我们也绝不会仅仅凭社交媒体信息就把一个人纳入下一轮考察视线——尽管这可能是一个候选人的来源。）另外，如果最终只剩下两位候选人，其中一个人的社交行为跟你的公司文化不相符，而另一个人正相反。那么，请录用那个相符的候选人。

第九章

如何通过打电话来筛选应聘者

管理者工具箱高效招聘流程建议你，在请应聘者到你的公司面试之前，尽可能多花些时间来做筛选。除了极少数的例外情况，多做些电话沟通可以减轻你最后的面试负担。在你打算花一整天的时间来面试之前，请使用之前所说的那些步骤来更多地了解应聘者。

当一个岗位没招到人、工作无法完成时，我们经常会因为人手不足而感到压力，这是正常现象。这时候，你就会迫切地想让某个人能进入最后的面试，希望他能让你和团队叫好，然后邀请他入职。快速地雇一个人入职，所花费的资源也会少一些。

但你要学会与这些冲动进行抗争。高效的招聘经理都知道，只有在公司最重要的决策上投入更多的资源才是聪明的做法。请记住高效招聘的第二条原则：**保持高门槛**。我们希望避免大的失误，所以需要舒缓那种急需填补空缺岗位的自然冲动，避免将错误的人招聘到公司来。

所以，在我们安排现场面试之前，还需要组织一次或多次的筛选。

30 分钟足够

30 分钟对于打电话筛选来说是非常充裕的。筛选并不是一个完整的面试过程，它只是一次筛选——一个局部的面试。电话筛选通常是在简历审查之后、现场面试之前。电话筛选不是进行二次筛选的唯一方式，但大多数企业可能会选择这种方式。当招聘经理和岗位的直接主管在同一处办公的时候，这是普遍采用的一种方式。

电话面试筛选的目的是为了通过减少现场面试的应聘者数量，来减轻员工负担和公司成本。它不是要进行一次完整的面试过程，而是在流程中多提供一次审查的机会。

在进行了一系列的电话筛选后，将所有的应聘者都排除在外，出现能进入现场面试的应聘者一个都没有的情况，也是不奇怪的。

记住：任何面试的目标都是为了说"不"。再展开一些说，所有招聘流程的最终目的都是为了说"不"。

如果你一开始还不理解，那也是正常的。大部分经理都会误认为，我的目标是招到下一个雇员，我在这里工作的目的就是为了替岗位招到人。

但这是一个错误的认识，会导致你在面试中产生确认招聘的心理偏误。**如果你要寻找雇用某个人的理由，你一定会找到**。只要你"想招人"，只要你"需要"招人，你就存在确认的偏向。当你审视应聘者的时候，看到的将都是你想要雇用的那些品质。

我们在招聘过程中的一切想法都需要服从"招到合适的人"这一工作目标。首要目的是不能招错人。如果你不这想，请马上停下手中的招聘工作，相信我：你没有听错。在面试中需要一种反直觉的方法。如果我们开始专注于如何招到人，而不是避免错误的招聘决策，我们就会忽视应聘者的弱点。我们雇用了他……但他也带来了原本我们早就应该发现的个人问题。

在电话筛选中，预先设置越多判断性的问题让应聘者来回答，筛选的效果越好。我们要让那些希望轻易通过招聘审查的应聘者离开。我们想要的是那些能坚持下来的应聘者，因为他们知道好公司的入职门槛是很高的。

我们通常不可能花时间对所有经过简历筛选的应聘者进行多轮完整的行为面试，但是我们非常需要跟他们交谈的机会，所以，打电话是在进行最后一轮的现场面试之前的完美方式。

再重复一遍，根据我们的经验，30 分钟对于大部分电话交谈是足够的。记住，我们始终是在寻找拒绝应聘者的理由。如果你花 30 分钟也没有找出排除某个应聘者的理由,那么再多花 15 分钟也是没有用的。因为如果你用了 45 分钟也还没找到想要的答案,就会决定把电话延长到 1 个小时……问题是,大多数人对于 1 个小时甚至更长时间的电话面试是很抗拒的。一旦超过 1 个小时,电话交谈的氛围就会开始变得越来越差。

电话筛选的要点是,你不会有足够的时间来问很多问题,从而判断是否录用某个人。这就意味着你必须平衡时间与结果/价值之间的关系。对这两个对立的目标而言,30 分钟时间是最有效的。

如果你偶尔超时,花个 40~45 分钟也是没关系的。

你要亲自打电话

许多经理感到很惊讶,我们竟然会建议他们亲自打电话给应聘者。但这就是那些保持高招聘门槛公司的标准做法。招聘专员和招聘经理需要传递这样一个信息:"我跟你一起花的时间对我来说是很重要的,我会认真做好准备,动作迅速。"

这是唯一选项吗?不,也可以灵活处理。很多经理会说,"我会提前跟应聘者约个时间,请他打过来。如果他们没有准时打来电话,说明他们不够专业,这也是个说'不'的理由。"这是针对面试基本目的的一个合理拓展应用:始终找一个说"不"的理由。

但是你打电话过去,也会有一个优势,就是传递一个信息,说明你感兴趣的程度。同时,这样做也能帮助你更好地主导面试过程。

先做一个简短的流程概述

当然,所有的面试都应该以简短的介绍和闲聊开始。(在第七章可以找到我们关于如何开始一场面试的指导。)在电话筛选时,这可能会需要 1~2 分钟时间。如果没有好的话题,那就从礼貌的人际互动开始。你不可能在应聘者刚一接电话的时候,第一句话就说"请谈谈你自己"。这么做的话,可能会提高一些效率，但也可能会影响你的企业雇主形象（同时也会让整个流程变得低效）。

高效的面试官有一个特点，那就是让应聘者在面试过程中可以直率地进行表达。其实整个面试流程已经处处充满压力了（后面会详细介绍），这种压力不会带来丝毫帮助。应聘者普遍认为，除了他们自己表现出的焦虑外，面试官再额外施加压力是不专业的行为。另外，这也并不会提升我们进行正确决策的能力。

最后要说的是，我们自认为流程是高效的，还远远不够。重要的是应聘者的接受度和未来的人际关系，以及他们是否觉得流程是公平合理的。那些被拒绝的应聘者，如果他们相信所经历的过程是公平的，就会更好地接受被拒绝的结果；如果他们认为过程不清晰、不公平、有偏见、反应迟钝或反复无常，就会不愿意接受。同理，流程做得好，被录用的应聘者也更容易接受公司的邀请。

所以，你要告诉他们会发生些什么。如果你遵循管理者工具箱所推荐的流程，听上去应该是这样的：

在开始问问题之前，我想先解释一下整个流程。电话沟通是我们的第一步，大概需要30分钟。我可能只会问1~3个问题。我在过程中可能会打断你，搜集一些额外的信息。这是正常的情况，请不用担心。这次电话沟通中，我没有足够的时间来回答你的问题。如果你进入下一轮现场面试，我们到时可以再沟通交流。这次电话沟通结束后，我可能无法直接得出结果，告诉你是否可以进入下一轮面试。我还需要比较一下其他几位应聘者的情况，另外我可能还需要跟同事们再讨论一下。这样的话，你最晚可以在一周内接到我们的通知。

从"介绍一下你自己"开始

然后你开始问多数电话面试的核心问题：请介绍一下你自己。我们需要从某个内容着手……有些情况下，你可能以前从来没有和这个人说过话，那么这就将是你要问的第一个面试问题。应聘者这时可能也会意识到，面试已经开始了。

请记住，我们面试应聘者的过程和我们对于过程的整体评价，两者之间是有区别的。即使面试过程中出现些问题，高效的经理仍然会根据过程的开展不断地进行评估和衡量。

"介绍一下你自己"是一个非常重要的面试问题。对于绝大多数的应聘者来说，他们不需要对你的公司或岗位做任何特定的准备。（当然，对于一个准备异常充分的应聘者来说，随着面试的岗位机会不同，他可能会修改大约10%的答案。）这取决于一个人对于自己的了解，不会有任何专家能比你自己更好地做到这一点。

此外，这也是大多数应聘者所设想会被问到的问题，当然也包括那些做过准备的应聘者。只要他们在网上搜索面试准备的信息，就一定会找到这个问题的相关内容（尽管他们很可能找到很多关于如何回答这个问题的糟糕建议。）

尽管只要做些准备，这个问题就能回答得很好，它仍然是一个能让人平息焦虑的问题（其实大部分应聘者回答得其实很一般），它在一定程度上会降低应聘者由于恐惧和紧张情绪而影响表现的可能性。永远记住这一点：虽然我们的目标是说"不"，但我们可不想因为一名优秀的工程师不会骑独轮车而把他拒之门外。面试是为应聘者进入公司设立门槛的"人工现实技术"。高效的面试官会以专业的方法来面试，没有必要故意对应聘者施加压力、耍花招、把最难的问题摆在前头。因为这些技巧并不能提供有用的数据。

最重要的是，"让应聘者自我介绍"能够使我们有大量的机会来探查应聘者的决策和行为，而这些才是高效面试官要找的数据，以便与职位要求进行比较。

如果应聘者的回答只有一分钟，不要感到惊讶。这是一个不充分的回答（你也可以把责任归咎于应聘者可能受到了互联网上的糟糕指导）。如果碰到这种情况，你就需要进行进一步询问，除非这个答案表面上看已经不及格了。

如果应聘者回答了10分钟，同样不要惊讶。这可能是件好事情，但也可能是坏事。

原本让应聘者自由发挥,他的回答只有 1 分钟,但是经过你反复询问,应聘者的回答最终竟然花掉了 25 分钟的面试时间。发生这种情况也不要大惊小怪。

如果时间允许,问 1～2 个行为问题

如果你问完"自我介绍"问题后,还剩一点时间,那么没有比问一些行为问题更好的选择了。当然,这么做的一个前提是你已经事先准备好了现场面试的题库。

不必当场告知你的决定

当结束一个电话面试后,并没有数据显示,问这些问题能够帮助你搜集有用的决策数据。也就是说,这更多地可能只是一项功能,告诉我们应聘者在有限时间和一定假设前提下的表现;相比现场面试来说,这种展示是不完整的。

所以,在面试结束后,你要感谢求职者,告诉她你将会和 HR 一起交流想法(如果是 HR 做的前期筛选的话),或者说你会考虑如何推进下一步流程、与团队成员分享你的决定意见,并组织一次现场面试。

打电话筛选是进一步缩小最终面试应聘者范围的一个好办法。在简历筛选和最终面试之间加一道筛选流程,是因为它能合理地降低协调和通勤的时间,以及金钱成本。它的流程操作起来也简单。

第十章

如何请人力资源部代为打电话筛选候选人

根据很多公司的流程/政策，电话筛选都是由 HR 代替经理来做的。这从原则上来说是个好主意，因为这意味着多了一道门槛、一次审查和一双挑剔的眼睛。相比你和你的下属主管及其他一两位参加面试的同事，HR 可能会有不同的面试观点和角度。这是好事情。

但是，当 HR 按照公司政策打电话筛选候选人的时候，很多人有个巨大的误解。那就是，许多经理认为：既然 HR 打过电话了，自己就可以不用再打了。这样，HR 就"掌握"了决定电话筛选结果的权力。我们猜测那是因为，大多数经理们认为，HR 会有一些特殊的、不同一般的、只有 HR 掌握的、受过专业训练的电话筛选技能，而他们自己既没有能力、也没有权力去做这件事。

这种想法有 90%的可能是个笑话。不要以为 HR 会帮你做电话筛选（即使确有其事），也不要认为只有 HR 才能做电话筛选，更不要以为 HR 就是专门为公司做电话筛选记录的。

顺便聊一聊，HR 在电话筛选中都会说什么？这取决于你公司 HR 的专业经验。几乎每一个 HR 在电话联络中都会说一些关于公司的信息（这意味着 HR 是在表达——对候选人进行简要情况通报，而不是评估候选人）。可能还会有一些关于平等就业和非歧视的说明，以及一些关于公司价值观和原则的评价，目的是将你的公司与市场上的竞争对手区分开来。

但你可以想象得到，HR 对大多数应聘者的信息接收尺度跟你是不一样

第十章　如何请人力资源部代为打电话筛选候选人

的。除非 HR 经验老到、与招聘经理关系密切（下文将详细介绍），HR 电话筛选做得最多的都是关于公司文化和组织契合度方面的内容。这个人适合我们公司吗？这个人与公司追求的价值观一致吗？大多数情况下，HR 还会在电话沟通中评估候选人的沟通能力，并且会问"请介绍一下你自己"（如果他们进行提问的话）。

这一切都在从反面告诉我们正确的方式应该这么做。让我们假设一种最有可能发生的场景：有一个工作经验偏弱的 HR，跟你也只是泛泛之交，彼此算不上了解，在你的专业领域也没有任何背景，现在竟然要他去评估专业技能！

这种情况下，我们会有三个选择。最常见的一种是，你先让 HR 进行一轮"电话筛选"，然后再根据他们的建议来缩小候选人范围（假设 HR 能给出建议的话）。你自己没有做电话沟通，而是直接把"通过"电话筛查的人带来现场进行最后一轮面对面的面试。

这是一个错误的选择。

HR 仅仅靠自身的筛选流程来做判断，既缺乏与你的深入人际关系，又欠缺对你工作的专业理解，这种判断是具有误导性的。HR 能根据你的需求进行调整的可能性是非常小的，所以他们对候选人的评价很可能与你的职位关系并不大，对技能、能力、个性和特质方面的评价也会存在偏见。他们的建议完全不能预判候选人将来入职后会有成功表现。

这就只给我们留下两个选择：(a) 在 HR 电话筛选后，给每个人再打一遍；(b) 对 HR 伙伴为你选出的候选人，再电话沟通一下。如果你觉得你可以友好处理与 HR 的关系的话，管理者工具箱建议你给 HR 联系过的所有候选人再打个电话。

如果你需要 HR 的意见，应该这样表达：我真的很感谢你做的电话筛选，我肯定你对每个人的判断都是正确的。我是一名经验相对不足的面试官，所以我感觉多面试一些候选人会对我很有帮助。当然，你的标准肯定会跟我的不同，虽然我很可能会同意你的观点，但如果我们双方都面试同一个人，就可以让大家对这个职位和我的偏好有进一步了解。最后，我可能还会进一步联系其他候选人。这样做是为了让我的团队最终面试的人能少一点，负担轻一点。

如果你对潜在的办公室政治和紧张气氛感到不舒服，我们建议你选择只给 HR 推荐你继续面试的那些候选人打电话。这个方法的缺点是，如果你和一位 HR 伙伴一起工作，而你们又没有建立良好的关系基础，那么你就没有机会跟他再校准评估标准……你还可能会长期陷入一段价值很低的人际关系中。

这种情况下你可以说：谢谢你帮我做了筛选。为了能让我更好地了解你推荐的那些候选人，我还打算跟其他人打电话。这能帮助我与团队分享一些信息——我的团队人员也要面试候选人——在他们坐下来与候选人当面进行更深入的面试之前。

顺便说一句，你最终可能还是会雇用 HR 帮你筛选出来的人，并由此推测 HR 已经根据你的需求校准过标准了。但我们无从知道，是否有合适的候选人被 HR 所拒绝了。

如果你确实有一位经验丰富的 HR，她既了解你招聘的职位，以前也筛选过这个岗位的简历，甚至是面试过。随着时间推移，你慢慢地和她建立了牢固的关系，首先我要说的是：干得好！像这样的 HR 是你最重要的同事。可以让他们代你来进行电话筛选。

当然，也有可能你的公司根本就没有 HR 部门，即使有，你也不让他们参与这事。这很常见，也不是什么大问题。通过电话来筛选每一个通过简历筛选的候选人，并开始举起屠刀"砍人"吧。还有一种情况，如果你与一位厉害的 HR 关系很好，而他目前并没有参与到你的审查和招聘流程中，为什么不让他一起参与进来呢？如果他了解你招聘的职位、你的需求及团队的需要，他可以经常提供一些额外的视角或分享候选人资源，甚至是两者兼而有之。

第四部分
面　　试

第十一章

视频和电话面试

有些时候，应聘者所在的地方离公司很远，而公司也不愿意为面试者的差旅费用买单。管理者工具箱发现，在理想的和可行的办法之间总是会存在差异。虽然面试如果不能按照理想的方式进行，做不到尽善尽美，就意味着巨大的潜在风险，但受客观限制也是事实。所以我们还是希望从可操作层面为大家提供一些建议。

在这一章我们将教你，如何通过使用一系列的电话和视频面试来代替面对面的现场面试。但你必须知道，这样做会增加错误雇用决策的风险。

当你不得不使用电话和视频面试的时候，你需要按照以下几个章节中关于全天候现场面试的要求和格式，通过把它拆成几个视频面试的方法来开展。先找几位下属，要求每个人都至少花 1 个小时与应聘者进行视频面试。然后你再亲自花 1~2 个小时的时间来视频面试应聘者（即使你已经亲自打电话面试过该候选人了，这一步仍是不可缺少的）。

大多数情况下，视频面试要比电话面试的效果好得多。我们都知道，在沟通交流时，我们搜集的大部分信息主要来自面部表情和肢体语言（而不仅仅是来自候选人的谈话内容和说话方式），而这正是电话面试所欠缺的。

只有在一种情况下，用一系列的电话面试来代替视频面试是可以接受的，那就是当公司宽带容量有限、导致频繁掉线的时候，这会让你始终无法营造那种正式面对面谈话的感觉。但即使如此，我们还是建议你事先做好后勤保障，让应聘者和面试官去一个带宽不受影响的地方进行沟通。

第十二章

让最后一轮的现场面试流程变得高效

我们之前教了大家,从一开始就要注意"能不招人就不招人",要把招聘门槛定得高一点,在筛选过程中要始终想着候选人"有没有哪里不合适";我们还教了大家如何建立公司自己的招聘标准,并根据这些标准设计面试问题;我认为你一定(也许是和 HR 一起)已经按照我们的技巧筛选过简历,审查了候选人的社交媒体活动痕迹,并根据我们的指导完成了电话面试筛选。(在做完这一切以后),现在,是时候对剩下的候选人进行一次全天候的现场面试了。

在与候选人沟通、安排行程时,请明确告诉他具体的面试日期。不要让候选人蒙在鼓里、让他胡乱猜测,这样做是没有意义的。

我们的面试和招聘数据显示,对招聘流程进行保密,既不能增加发现合适人选的概率,也不能让你更有效地发现不合适的人选。但这样做的话,确实会降低候选人接受你公司录用通知的概率。应聘者经常告诉我们说,没有提前沟通具体流程的公司其实就是在隐瞒一个事实:他们根本就没有流程。此外,应聘者还告诉我们:那些事先预告了流程、并能按照流程来实施面试的公司,才是更专业、更公平、更能准确判断合适人选的企业。

事先将公司最终的面试流程告诉候选人,一方面会增加候选人接受录用邀请的概率,另一方面也会让那些被你拒绝的候选人觉得更加公平合理,更容易接受被拒绝的结果。

以下是关于最后一轮现场面试的全天候流程安排的示例:

9:00 招聘经理回顾检查后勤及流程

9:30 劳伦·伍兹面试

10:45 休息

10:50 埃尔顿·卢卡斯面试

12:00 温蒂·马奎尔面试

1:00 在会议室共进午餐

2:15 丹·谢弗面试

3:15 阿南达·德雷尔面试

4:15 休息

4:20 最终面试，特雷弗·韦斯特

主要的面试流程：正式开始——（30）分钟面试——面试结束

在应聘者正式开始一整天的最末轮面试前，请花点时间向她详细介绍一下面试的具体情况。这样做主要有以下几个原因。

首先，你需要给她一个能够冷静下来的机会。候选人在面试初期都会感到紧张。有许多管理者认为需要观察应聘者在压力下的反应；但没有证据可以表明，增加面试压力会提高有效招聘的概率。相反，我们反复看到的却是这么一个事实，适当地减少一些面试压力，反而会让我们获得真实的、有效的判断信息。

事实上，正常面试的压力就已经足够大了。我们在工作中发现，面试压力和工作压力有着很大的差别，所以增加面试压力并不是一个有效的评估工具。

其次，你要就面试的全天安排为候选人再做一次引导。虽然你之前已经和他们沟通过了日程安排，但时间表经常会变化。你需要跟候选人在第一次见面的时候，再确认一下行程安排。

我们建议你从简短的欢迎问候开始。向候选人解释一下，今天会有哪些事情，以及具体的时间安排。问候并不是面试的一部分，但还是会让你对候选人有个简单的印象评价。（我们本来就应该时时刻刻评估候选人，如果他们为你工作的话，你同样也会随时随地评价每一个员工。）

给他们一张时间表，上面是他们今天要见的每一个面试官的名字，以及各个面试的时间和地点。如果你需要他们在过程中从一个办公室去到另一个办公室，或者从一个隔间进到另一个隔间，那就请给他们画一张简单的地图，告诉他们所有的地点都在哪里。

请把团队的联系电话告知候选人，并告诉他们：如果有问题，一定要发短信或打电话询问。对你团队的每个成员，也都要给一份面试安排的时间表。通过电子邮件发送是最好的办法。理想状态下，你应该在最近一次员工周例会上已经向你的团队成员介绍了相关安排，并告诉他们每个人都有责任来帮助公司招聘到符合经验要求的候选人。这样的话，他们就会留心候选人当天是否会出现迷路的情况，并在轮到自己面试的时候保证不迟到。

要告诉应聘者，按照日程安排，他还会和一组人共进午餐（但不算作面试）。如果一切顺利的话，你会一直陪着他到面试结束。最后，记得回答他事先准备的一些关于面试的问题。

你会发现，要在这样一个整天的面试安排里，在同一天安排多个候选人前来面试，会是一件很困难的事情。我们也知道在同一天邀请多个候选人一起来公司面试对提升效率会很有帮助；但面试官可能需要临时出差或参加重要会议，这会让日程安排变得更加困难。

而且，如果你在同一天安排了多个候选人前来，对于正确做出招聘决策会有两个不利的影响。第一，行程安排会变得很困难。一旦某个重要环节或某位面试官的日程有了调整，就意味着会有1~2名候选人不能被充分地评估。候选人也会觉得自己没有足够机会给公司留下好印象。

第二，也是更重要的，我们会不可避免地把同一天来面试的候选人进行相互比较。大多数管理者听到我说这种比较是无效的时候，甚至会感到惊讶。但事实确实如此。

信不信由你，招聘的基本原则可不是通过比较应聘者并从中挑选出最好的那个。我们将会在第二十章中用一个场景来说明这一点。

假如有三名应聘者。等到面试流程都结束后，很多人会在心中有一个排名：候选人A最好，候选人B次之，候选人C最差。通常结论是，候选人A

才是你的选择。

但这并不一定正确。因为 A 可能是这三个人中条件最好的，但是**候选人 A 可能仍然达不到你的岗位招聘标准**。她可能只是三个条件都不够格的候选人中，相对情况最好的那个。

当你把几个候选人的面试都安排在同一天时，你的团队很可能会产生一种"比较候选人"的思维定式。

面试官应该只能问自己一个问题：候选人能胜任这份工作吗？仅此而已。把候选人进行比较排名，并不是一种正确的思维方法。应该将每位候选人的情况与职位要求进行比较。

如果你打算将候选人按照他们的情况进行排名，请仅仅针对那些已经通过所有流程、确认了是符合工作要求的那些人来进行。只有当面试结果汇总会议上获得一致通过的候选人超过一位时（稍后会有更多讨论内容），我们才应该讨论该聘用哪位候选人。

比较心态通常会让面试官把注意力集中在他们认为是"最佳"的那名候选人身上。当不同的面试官对候选人排名不同的时候，事情经常会变得非常艰难。

此外，如果有两个以上的候选人符合你的要求，你的第一选择很可能会不接受你的录用通知。为了解决这个问题，我们需要明确录用邀请的最后有效期限，并在录用通知发出后与候选人保持沟通。

每天只约一位候选人来面试，并告诉你的面试官，不要把他/她和其他任何候选人作比较，而是将他们的条件与岗位工作必须达到的标准来比较，这样才是更简单、也更聪明的做法。告诉面试官，如果他们觉得有好几位候选人都符合要求并且难以抉择，你会帮他们来处理这种情况。

"所有"下属主管都参加面试

最后一轮的现场面试是你能够全面了解应聘者的最后一次机会。你可能会和这个人共事多年，所以你应该花六七个小时来尽量多了解一些信息，而不只是用一两个小时。

在这方面花费的时间不够，就是在制造一种幻象：好像招聘的决策效率挺高，却故意忽视了招聘效果。我们在公司招聘时，有时会花上20～30个小时来面试，甚至更久。这背后的逻辑是：比职位空缺更糟糕的唯一情况就是"招错了人"。

我们给标题上"所有"加引号是因为，这取决于你下属主管的人数。如果安排候选人面试一整天的话，安排6～7个主管进行分别面试是不会有问题的，再加上一起吃午餐的时间，最后你还会有90分钟到2个小时的时间来亲自面试候选人。如果你只有5个主管，我们的建议是：协调好所有人的工作行程，让他们全都参加面试环节。但如果你有10个主管，那么所有人都参加面试就不可能了。

如果你的团队成员没有面试经验，他们就可能会不知道如何进行准备，无法担任面试官。可以让她从旁听开始，获取经验。如果是这样的话，她需要坐在候选人的视线外（通常是坐在候选人背后）。主导面试的主管在开始前需要先解释一下，旁听的人员并不是面试官。这样做可以避免被候选人误解——但候选人可能仍然会误解自己正在经历一场小组面试（这个我们将稍后讨论）。

在没有经验的团队成员旁听过一两次面试后，我们就可以安排她来正式面试候选人。但你可以在面试意见汇总会议环节，在听取建议的时候，选择跳过第一次参加面试的主管们的意见。在安排面试行程时，记得不要太紧凑。如果面试一场接着一场，没有休息时间，候选人就会觉得处于弱势地位。你必须告知团队成员要按时结束面试，并给候选人留出时间准时参加下一场。通常，我们会要求团队成员在面试结束后，引导候选人去往下一场的面试地点。

如果你只有三个主管，全天的时间安排就会短些。没关系的。如果你愿意，也可以再请一位经验丰富的同事来帮忙担任面试官。但前提是，他/她同意接受你的面试指导规范。你同样应当事先把面试的规范告诉候选人，如果你的同事不愿意按照这一套来操作，也要尊重他的决定，但是决不能让他担任面试官。我们见过一些同事执意按照自己的方式行事，居然在过程中与候选人讨论起自己对面试流程的不同看法。这对于你的潜在雇员来说，将是个很不好的信号。

更好的/更有经验的候选人可以获得 75 分钟或更多的时间

安排经验丰富的面试官在上午进行面试。想办法给他们安排更多的时间——如果你确信当他们能有更多的时间、就能做出更好判断的话，你甚至可以给他们安排 90 分钟。把他们安排在上午进行面试的原因是，这些人经常会在当天因为一些突发性的安排，需要改变、缩短面试时间甚至取消面试，而我们需要降低这种事情发生的概率。

经验相对不足的面试官给 60 分钟的时间

经验不足的面试官不太可能像经验丰富的面试官那样，进行深入的追问、了解更多的信息。一般来说，要按照团队里面人员经验的丰富程度来安排面试的先后顺序。

90 分钟的午餐

这不是个硬性规定。(在我们的示例时间表中，午餐安排的是在会议室里吃外卖套餐，所以只需要 75 分钟。)如果你想让一群人去公司外面吃饭的话，90 分钟的时间是必要的。去外面吃饭的效果不一定更好，但有时候你却不得不这么安排。

我们认为至少需要 90 分钟时间的原因是，如果你不得不去外面吃饭，那么必须考虑花在来回路上的时间。来回路上、等位这些不确定的时间因素都要被考虑进去，以免影响下午的面试时间安排。

午餐是随意的，不是正式的面试。当然，你肯定还是会持续观察候选人。你可以问问他，今天感觉怎么样。要鼓励你的团队成员和候选人多多进行对话交流。当然，问一些问题也是正常谈话的一部分。

在吃午餐的时候，你要引导好讨论的内容，同时还要注意时间。如果是去公司外面吃饭，要抓紧时间买单。这样的话，你就不会耽搁行程。在团队成员相互谈话交流的过程中，要鼓励候选人也一起参与进来。在团队午餐中，团队中的一些成员自顾自地相互评论、交换意见，都是正常的，但至少要让候选人能够参与其中 50% 的谈话。不要忘了，候选人还需要时间吃饭！

亲自面试 90～120 分钟

你自己主导的面试通常会被安排在当天的最后一个环节。你需要比别人更多的时间。因为如果候选人同意入职，你还需要对录用的决策负责。

最后，还要安排召开面试意见汇总会议。我们将在第二十章来讨论这部分内容。

第十三章

面试地点的环境布置

一般来说，我们不建议把候选人安排在会议室里进行面试。这看上去似乎是很有效的安排，但是多数候选人不会喜欢，他们会感到与世隔绝。候选人经常在事后这样评论："我对工作场所的感觉不好。"你的面试效果并不会因此得到提升，而候选人接受录取通知的概率却会因此下降。

如果你出于安全考虑，不得不这样安排的话，那也是可以理解的。但请提前把你这样安排的原因告知候选人。同时，你还要确保面试官认识到，这样的安排意味着：他们必须比在自己办公室或小隔间里进行面试的时候，更加花心思、努力地确保面试准时开始。无论我们去哪里，经常都会发生开会迟到的现象；不要让候选人的面试成为团队的"另一个我能迟到的会议"。

开放办公的公司往往会选择在会议室里进行面试，但是开放式的办公环境并不是你使用会议室(这种糟糕)方案的借口。你完全可以和候选人一同坐在开放式办公桌前，进行一次很棒的面试。是的，其他人可能会听到部分的面试内容。但如果候选人要来你这里工作，她们就必须适应这样的办公环境。有趣的是，现在经常有人把会议室称为"拥挤的房间"，如果让候选人整天待在那里，体验一定会很糟。我们通常会提前预订好会议室，保证它不被占用；但如果让候选人在会议室里待一整天的话，那儿的空间就显得太小了。候选人可能会感觉得了幽闭恐惧症。

如果你的开放式办公室太拥挤（通常不会，但有时候确实会有这种情况），那就只能选择去会议室了。在这种情况下，记得带候选人参观一下办公区域，介绍一下办公室的布局，并鼓励她向那些没有在忙于面试的团队成员问个好。

请告诫你的面试官，不要在面试的当天过多地谈论候选人的情况。因为那样做的话，如果排在前面的面试官对候选人的印象不佳，就会影响后面的面试官给予候选人完整而公正的评价。

每次面试都应该是独立进行的。每个面试官的意见通常都会在你做招聘决定时，具有同等的参考价值。如果一个面试官没有尽全力给出所有的个人意见，就会削弱整个过程的效力；同时，他还会对其他面试官在当天结束时的面试报告内容感到惊讶。

对于那些拥有自己独立办公室的团队成员，尽量让他们在自己的办公室里进行面试。如果地方不够、只有一张桌子能供大家面对面地坐下来，也是能够接受的，虽然环境还不够理想。

对应聘者来说，隔着桌子面对面地进行面试是令人讨厌的。隔着办公桌，会让面试官占据不必要的主动地位。大多数应聘者认为隔着桌子面对面的方式是不友好的、不利于交谈的。

如果你能从办公桌后面走出来，记得一定要这样做。让候选人坐沙发、你自己拉一把扶手椅坐边上，两个椅子位置成90度，这是一个很好的布局。你可能还需要使用记录板来做一些笔记，那也很好。

不要管那些"专业人士"是怎么说的，大部分的面试可以在办公隔间里充分有效地进行。有时候，你会让同事坐在你的办公室，两人隔着办公桌面对面地开会，就像隔着办公桌的"舌头"（人们是这样形容的）一样。其实，你完全可以选择在你的办公隔间里紧挨着放两把椅子，两人分别就座，你仍然可以使用记录板来做一些谈话记录。

在你的办公室或是开放式办公区里进行面试，可能出现的最大问题是：面试官容易受到干扰。如果那里还有电脑屏幕的话，事情就更糟了。开机的笔记本电脑、平板电脑甚至是你的手机，都会成为你跟候选人之间沟通的障碍。

我们都记不清有多少管理者对我说，"哦，我没有在用这个。我会忽视它的。"我们会说，"好的。如果你不打算看的话，那就请把你的电子邮件客户端关闭。"而我们得到的回答几乎都是,"如果我不会去看,那为什么要把邮件客户端关闭呢?"我们已经放弃反问那些经理了:如果他们肯定不会去看,关闭邮件客户端又有什么关系呢?

同样是这些管理者,当我们把面试过程的录像放给他们看时,他们会发现:自己的目光几乎每过一分钟都会下意识地去看一下屏幕。发现这一点,连他们自己都惊呆了。

其中一些只是因为经理们收到了通知提醒,有来自 Slack 的、有邮件的,还有即时信息的。如果你是管理者工具箱的长期听众,你就会知道:所有这些提醒都是需要被关闭的。整天忙着处理邮件,而不是在特定时间段来集中处理这些事,那是一种巨大的生产力浪费。

最后一个关于环境布置和避免分心的提示:不仅你会分心。当你和候选人的沟通被屏幕信息所干扰的时候,因为这些干扰信息只有你本人可见,候选人会非常厌恶。也许你属于极少数的那些真的可以忽略干扰的管理者——不论是不是——但你仍然在做一件损害公司获得优秀候选人机会的事情,因为他会觉得你甚至不愿意花 60~90 分钟的时间,来认真地跟他进行沟通。

办公室里的开放或共享空间对于面试来说也很重要。关键是,不要选那些有不相关的人随时会坐在边上的地方——这些人会偷听上好几分钟。如果发生了这样的情况,请礼貌地告诉他,你正在进行一次面试,那个人就会走开了。

第十四章

不要使用小组面试

小组面试——3~5 名面试官同时面试一位候选人——是一种非常常见的面试方法。但你会注意到，在我们推荐的最后一轮面试流程中是没有小组面试这种形式的。

永远不要使用小组面试。这是我们知道的最常见的愚蠢的面试方式。

因为它很常见，你可能会使用它。为什么你不应该使用小组面试呢？

为什么不用的原因#1：什么才是正确的方式

面试的正确方式应该是：由一位面试官一次面试一位候选人。这么做是因为，它能让优秀面试官保持动力：**每次面试的结果都将是一个招聘决策**。面试官要么决定推荐录用，要么不推荐。如果你给招聘经理的意见是推荐录用，那么结论就是："我会录用这个人的。"

当你面试一位候选人的时候，如果你不仅仅是在为某个其他人的招聘决策做贡献，而是要自己决定是否该录用这个人，那么你做这个建议的责任压力就会变得非常大。好的招聘录用决策能够塑造我们的组织；糟糕的录用决定则会摧毁它。

绝大多数公司的面试都是无效或低效的，因为面试官不需要为决策承担责任，同时也缺乏有效面试的培训/知识。

很多管理者或面试官会说："嗯，好吧，但这不是我们公司的工作方式。

第十四章　不要使用小组面试

我们是几个人同时面试一位候选人，然后告诉老板（或者招聘经理）我们的想法，然后由她做出最后的决定。"

这是管理者对面试官很常见的错误要求：没有为每一位面试官明确界定招聘决策中的责任关系。但这并不意味着，当你自己在接下来的一个小时里面担任面试官的时候，就不能采取一些有效的措施。很少有管理者会说：招聘决策由我来负责，但我会通过其他人来问问题、替我收集50%～70%的信息（像小组面试中发生的那样）……尤其是让那些"我很肯定他们自己都不知道该干什么以及不如我那么有责任感的"人来做这些事。

如果你必须要做录用决策——采用小组面试的方式就是在自欺欺人，不要这样做——你不能让那些对这件事不像你那么上心的人来浪费面试的有限时间。

稍微称职一些的面试官都不会乐意听一堆愚蠢的问题，或者让候选人唠叨个不停。而这一切仅仅是因为小组里的其他面试官不够聪明，没有意识到时间是你的敌人。如果面试官问的问题比你自己能想到的要差劲，你就不可能做出更好的决策。你不妨试试跟水平比你差的同伴一起打网球，看看那样能不能提高你的水平。

为什么不用的原因#2：缺乏多维度、有效的观察视角

人们经常吹捧小组面试的一个理由是，可以从更多的"视角"考察候选人。由一个人来问问题，很多人来听他回答，然后分享他们的观点。事实上，小组面试反而会起到相反的作用：它减少了观察视角。

第一，如果你和我一起面试，我必须根据你的面试问题的结果来做决定。是的，你可能会问一个我根本不关心的问题……而在现有的一些面试中，绝大多数的问题都糟糕透顶。如果我们只是听一些浪费时间的问题及回答，节约了时间（使用小组面试的另一个理由）又有什么意义呢？

我们有可能根本就不理解其他面试官问题背后的逻辑。那我们该如何对

候选人的答案进行评价呢？想象一下，有人问了一个你不会问的问题，而你对候选人的回答也挺满意，但提问者后来告诉你，他淘汰候选人正是因为他对候选人回答这个问题的答案不满意。

又假设小组里的一位面试官问了一个很好的问题，但其他面试官多次进行了效果不佳的追问，打断了候选人的回答，而你却一直没有机会从自己的角度来追问候选人。那你怎么决定是该推荐还是拒绝呢？

基于差劲的问题和表面现象所得出的观点再多也是低效的、肤浅的。小组面试得出的就是这类错误的观点。

为什么不用的原因#3：与效果负相关

我们这里只是简单地陈述数据/事实：

- 小组面试不会增加录用"真正合适"的员工数量。"真正合适"是指雇来的新员工后来确实产生了好的业绩，而小组面试无法帮我们甄别出这些优秀的候选人。
- 小组面试会增加录用"假性合适"的员工数量。小组面试往往会出现很多候选人不常遇到的场景。我对这种情况的概括结论是，小组面试的方式无法让面试官获得"为什么某人不适合"的深入信息，以致让他们难以坚持自己的意见立场。

为什么不用的原因#4：应聘者讨厌这种方式

讨厌用在这里一点儿也不过分。对于应聘者来说，小组面试压力更大，会让他们的心态变得负面。应聘者经常会说，小组面试是让人无法忍受的、无法预测的、不公平的。应聘者能够接受被面试，但大多数应聘者理解的面试应该是一对一的形式。多位面试官同时进行面试，这对于应聘者来说是一种作弊欺骗。公司为了效率而这么做，感觉就像把候选人像物品一样堆在了一起。

第十四章　不要使用小组面试

这会导致一个可怕的结果：使用小组面试方式来招聘的公司，它们所发出的录用通知，被更大比例的候选人所拒绝了。这就是一种平衡关系。

损失了效果的效率又有什么意义呢？

不要使用小组面试。它既没有效果，还令应聘者讨厌。当你做一件重要事情的时候，选择用效率替代效果的方法，那总会是一个坏主意。

但如果你"不得不"使用小组面试，又该如何呢？小组面试的方法虽然缺乏效果，但目前可是被普遍采用的。

在这种情况下，你需要考虑许多因素。包括要考虑你的"人际关系和话语权"，HR 是否有很大的控制权，以及你对人力资源业务合作伙伴（HRBP）的信任程度。再高一个层次来看，你需要理解同事在说以下两句话时的区别，"我们这儿就是这样做的"以及"小组面试是强制规定"。

太多的管理者错误地把"约定俗成"和"强制性"混为一谈，轻易放弃了对招聘过程的控制权。**其实，当管理者听到"我们这儿就是这样做的"的时候，他们是有很大回旋余地的，他们完全可以采用自己的方法来做事。** 通常情况下，"就是这样做的"的另一种解读是，"这里很多经理都没有自己的招聘流程，所以不想拒绝小组面试"。

我们甚至认为，当有人说"小组面试是强制规定"的时候，也同样不意味着在公司必须使用小组面试的方法。再说一遍，这取决于这句话是谁说的、公司是什么样的管理文化、HR 有多大的权力。

这一切又归结于你是否相信你必须要/不要小组面试。

如果你认为不需要小组面试，那就不要。 我们希望之前举的那些案例已经能够给你足够的动力。请按照我们在第十二章的建议来安排你的面试日程。

如果你必须要采用小组面试，请尽量减轻它的压力和影响。 提前安排好面试，包括同样为小组面试确定一个场所。把小组面试的时间段告知 HR，让他们按照你的需求来安排所有的事情。（我们很失望地发现，HR 们一边说招聘经理才是招聘流程的负责人，一边却坚持小组面试必须优先于其他所有面试活动，然后一而再地调整流程时间表，过后又要花两三天——甚至五天——来"收集"面试数据。）

你需要稍微改变一下对候选人的指引内容，告诉他们，当天会有一场小组面试的安排，但那并不是你通常遵循的流程方法。记得不要以任何方式贬低小组面试的作用。不采用小组面试的结论和在候选人面前诋毁它，这两者之间还是有区别的。

我们一般不建议你让任何直接下属主管参加小组面试。这通常是在浪费时间，因为他们问的问题跟你在做录用决策时考虑的最密切因素之间，不会有太多核心关联。但当人力资源部要求你的某个主管参加小组面试时，你如果同意他们的安排，可能会在"人际关系"方面给你带来一些帮助。

如果你让自己的主管参加了小组面试，记得同样要给他们单独安排面试时间，使用你事先准备好的问题进行提问。告诉他们，在小组面试过程中尽可能少地问问题，在讨论意见过程中要避免有太强的意见倾向。一般来说，小组面试的结果不太可能在当天得出，所以这不会产生太大的影响。在内部沟通"小组建议结果"之前，你应该就已经做出了决定（至少我希望是已经跟相关方沟通过了）。

如果 HR 出于某种原因允许你自己来组织小组面试，请安排一些还没准备好进行独立面试的下属主管去参加。给他们提供一些你在真正面试时会使用的问题，告诉他们，这是锻炼提问、记录、追问候选人具体行为的好机会，甚至还有机会做录用决策而不需要承担任何实际责任。

为什么不用的原因#5：并没有更安全

小组面试有时被认为是一种比一对一面试"更安全"的选择。出于某些原因，有人会认为让一个人单独面试候选人是不安全的。出于类似的原因，我们都需要一名保姆、一名看护。人们担心的是，应聘者有证据证明面试官做出了某种邪恶的、非法的、不专业的、不合法的行为。

如果按照这个逻辑，任何禁止一对一面试的公司，也应该禁止其他所有的两人会议。

显然，这事是不合法的：没有成文的禁令是反对进行一对一面试的。（但我可以保证，这类情况总是会在执行层面屡屡发生。）这类政策都是在强调可能存在的某种被指控的危险。

如果你想评估一对一面试的风险，请彻底搜索一下涉及一对一面试的法律案例，而它们几乎不存在。我们有很多不同于一般管理者的做法，是那些希望通过小组面试来确保"安全"的人肯定不愿意去做的：

- 我们的工作描述中对候选人的要求必须有很高的标准。
- 我们通过简历审查，会显著缩短待考察的候选人名单。
- 我们还通过电话筛选进一步缩短候选人员的名单。
- 尽管在这一点上，出现问题的风险微乎其微，但我们仍然采取进一步的保障措施，包括：
  - 每位面试官都会问同样的问题，一字不差。
  - 每位面试官都会经过培训，包括关于面试风险因素的培训。
  - 我们要求每位面试官都只考虑应聘者在面试中的行为，仅以此来给出他/她的招聘建议。

一对一的面试其实并不存在风险，即便你认为它可能是有风险的，以上所有这些步骤也为你又上了一道保险。总之，小组面试无论如何也不会是你所想要的解决方案。

第十五章

如何进行专业方面的面试提问

如果你要招聘的岗位需要专业的技能，对这些技能要尽可能直接评估、直接测试。正如我们在第五章开始所讲到的，测试技术人员的技术能力实际上就是一种行为面试，要重点关注那些专业的行为。

将技术测试独立安排为一次面试。不要犯那种典型的错误：只安排了20%~40%的面试时间，粗略地评估技术人员的技能。这样的话，到了面试结束时，你对应聘者的技术水平不会有足够的了解，对应聘者在其他行为面试中涉及的行为反应也了解不足。

所以，在最后一轮的面试日安排中，必须有一场是专门考察技术能力的。而这次面试的结论，也只能依据对候选人技术技能的评估结果。

根据设定的问题类型，你需要考虑这道题目给 5 分钟解答，那道题目给 15 分钟解答，直到把 60 或 90 分钟的面试时间全部填满。

举一些此类问题的例子：如果你要招聘一位使用微软 Excel 的专家，那就测试一下应聘者是否能够创建一个数据透视表。为他在电脑上预先储存一个数据集——Excel 里的行列数据，给他 30 分钟时间来做一个数据透视表。（如果你认为这事太琐碎了，记住：你只需要设置一次，就能让所有那些谎称自己是 Office 专家的人原形毕露。）

如果你要雇一名机械工程师，那就要求她解决一个简单的热传导问题。比如，有一个能量源，辐射 X 千焦耳的能量，还有一个黑色物体。用这些已知的方程和数据，确定黑色物体的热能吸收率。

如果你要雇一名软件开发人员，给他一个递归解法的字符串单词分割问题，或者给他一些你公司目前在使用的编程语言的代码（最好是候选人可能了解的编程语言），记得埋一个漏洞在里面，要求他做软件调试。或者给他一个能实现公司内部的部分应用程序功能的函数，要求他使用伪代码的方式来创建这个函数。

如果你要雇一名结构工程师，可以问他一系列的专业问题，比如："这是大梁的一些荷载数据，中跨的偏转度应该是多少，连接点的应力是多少？"

如果候选人要手写（而不是打印）他们的答案，那就让他们写在白板上。如果问题需要电脑计算，请将笔记本电脑连接到大显示器上。当我们进行一个"正常"的行为面试时，我们需要通过听他们的回答来"观察"行为。在技术面试中，你可以实时地观察到这些技能。

不要害怕在应聘者解决问题的过程中去追问他们的进程，你的中断行为就和在其他行为面试中是一个道理。例如，"抱歉打断一下，为什么要选择这样做？为什么不等一会儿再计算呢？"或者"对不起，请帮我解释一下，如果你不能访问那个数组，该怎么办呢？"

如果你希望获得更多关于软件开发人员的招聘指导，我强烈推荐我读过的最好的一本专业书：由 Stack Exchange⊖的联合创始人周思博（Joel Spolsky）写的《聪明地把事儿干好》(*Smart and Gets Things Done*)。

⊖ 美国著名 IT 问答网站。——译者注

第十六章

每位面试官都需要使用同一组问题

到目前为止，我们已经提出了一些你没有学过或与你所学的有很大不同的招聘建议。（这一章的内容尤其如此。）一旦你已经准备好要招聘一名员工，我们希望你能把直接下属都聚到一起，让他们了解你已经做了哪些事情，整个过程会有什么不一样，以及他们在其中的角色将会是什么。在某些情况下，可能会和他们已有的习惯存在很大的不同。

我们之前讨论过，在开始整个流程之前，你需要准备一份行为面试问题的清单。这些问题要基于你对新下属的岗位的设想。

这些问题构成了每个面试官评价应聘者的核心。

这才是高效面试的关键：每个应聘者都需要分别对照岗位要求。岗位要求是一样的，所以衡量每位应聘者的基本标准也是一样的。这不仅仅会让结果更有效（"取真"和"拒假"的数量更多，"取假"和"拒真"的数量更少），也会让应聘者觉得更公平。

我们从研究和衡量面试流程和结果的角度来看，如今面试的最普遍现象就是一团乱麻。我一想到同一位面试官（更不用说其他所有人了）竟然可以对三名不同的应聘者使用三个基本上完全不同的面试问题，就觉得很可笑。这种操作更简单吗？是的。它需要的准备工作较少吗？是的。但是，结果可衡量吗？不。公平吗？绝对不公平。可重复吗？不可能。

三个盲人摸象的古老寓言一下子浮现在我的脑海中。三个盲人来到一头大象前，努力想确定他们发现了什么。一个人摸到了躯干，以为是一条胖蛇。一个人摸到了大腿，就说是一棵树。一个人摸了摸尾巴，以为自己找到了一

第十六章 每位面试官都需要使用同一组问题

根藤蔓。但是，他们都错了。印度的《梨俱吠陀》（*Rigveda*）一书中提到，现实是一个整体，但智者的描述却各有不同。

不要让团队成员搞一套依据他们自己的奇思妙想的问题。不要允许那些"有经验的"下属主管"凭直觉进行面试"，必须让面试官提前做好准备。（你是否碰到过面试官在开始面试前才问你要简历的情况？）如果你有团队成员想这样处理问题的话，就不要让那个人参加面试了。

很少有专业人士接受过正规的面试培训。至于那些由人力资源中心牵头的传达会，主要都是在谈论该如何避免因歧视而受到诉讼的相关知识。虽然这也是必要的，却是远远不够的。

下一个例子将告诉你，大多数专业人士是多么缺乏关于如何高效及合法面试的相关知识。你可能相信（并被教导过）我们必须在面试过程中避免一些"非法"的问题。事实上，在大多数地方，**情况并非如此**。如今在美国，只有在少数几个城市，问某个问题本身是违法行为。

大部分情况下，问题本身其实并不违法：因为某人关于这些问题的答案，而使你在招聘决策中产生了歧视观点，那才是违法的。

我们当然不建议你问一位女性应聘者，她在未来五年里是否计划生孩子。这是一个既愚蠢又自私的问题，摆明了有人会根据回答来区别对待应聘者。我们希望你除了自然选择最佳应聘者的过程以外，要避免任何形式的歧视；除了考察应聘者是否能把工作做得特别好以外，不能有性别、人种、民族或任何其他歧视倾向。事实上，在存在这种卑鄙的歧视的情况下，一名有道德、准备充分、没有偏见的面试官有足够的空间，增加机会来雇用那些经常受到歧视的人们。

但不要把招聘中的歧视和非法问题混为一谈。如果你的公司提供了更多深入的、实质性的面试培训，就像我们在高效招聘经理会议上所做的那样，你就是幸运的，因为这很少见。

问同样问题的重要性

我们的建议很简单：面试官问每个应聘者问的问题必须基本上差不多。

再说一遍，面试官要将每位应聘者与岗位工作的标准进行比较。不能在应聘者之间进行相互比较——只有当超过一名应聘者达到了你为这份空缺岗位设定的高标准时，才能够进行人和人之间的对比。高效的面试不是在应聘者之间相互比较，而是将每个应聘者与岗位角色进行对比。

如果你做了准备工作，你就应该已经有这些问题的清单了。我们在附录里列举了一个管理者工具箱用来面试行政助理的问题案例。这些问题是使用我们专有的面试创建工具来创建的，向拥有我们工作许可证的所有用户开放。

每个面试官都会收到一份相同的、预先确定好的问题清单。这些问题按重要性排序，每页一个。你会发现，每一页的顶部是一个问题，这一页剩下的大部分都是空白，便于记录（稍后将详细介绍）。

你可能会想：等等！每个面试官都问应聘者同样的问题？那应聘者面试一天下来不是会回答得越来越好吗？应聘者到最后一场面试的时候，答案不是会变得完美无缺吗？难道他们不会因为一遍又一遍地回答同样的问题而感到沮丧吗？他们难道不会抱怨"我已经回答过这个问题了"吗？

答案是：不会，不会，不会。以上情况只会发生在自身条件较弱的应聘者身上。记住，你挑选的问题能够帮你分析岗位中最重要的行为。你难道不希望有多个面试官能从不同角度听取每个应聘者的回答吗？

应聘者不会在一天内就把说辞完善得很好，除非他们已经准备得很充分，才可能通过一遍遍地重复，把已经很好的答案打磨得更好。这点，我们已经反复测试过了。

应聘者可能会自认为他们的答案通过一整天的回答互动，变得越来越完美；但根据我们对面试官的采访，他们却说并没有在应聘者身上看到所描述的这种情况。更重要的是，在许多情况下，当天排在后面的面试官对应聘者的描述往往是：过于自信，在面试中没有倾尽全力。

事实上，有针对性、准备充分的面试问题，会让那些对面试**准备不够充分**的应聘者疲于应对。这就是我们想要的结果——提高标准。（我们当然会为偶尔错过一个好的应聘者而感到沮丧，但我们需要容忍这种不够理想的结果，因为我们更需要不惜一切代价地避免那些不合适的应聘者因为面试问题过于简单、针对性不强而蒙混过关。）

一般来说，应聘者往往会对面试准备不足。如果你有过几次面试经历的话，很可能也会遇到这种情况。应聘者被绝大多数很烂的互联网指导建议给耽误了。

有些指导建议是毫无意义的：

"要提前对公司做好充分了解。"这太可笑了。面试几乎只涉及应聘者的背景和技能。大多数应聘者准备不足的方面是：自己做过什么、做得有多好以及能为新岗位带来些什么。

"对面试官采取主动进攻。"这就更可笑了。如果作为一位面试官，居然会因为应聘者的主动发问而被打动，那么他就是在凭直觉做决策，这会大大增加"人间地狱"的结果概率。如果不去追问应聘者过去的行为表现，我们又怎么能判断应聘者是否合适呢？

"学会在面试中讲故事。"这条指导建议的可笑程度稍微轻一些，但还是很愚蠢。大多数商务会谈不是在讲故事，而是对准确性、结构和知识的把握。有太多应聘者认为，如果一个人想真正地变得有说服力，应该是努力去说服，然后尽最大可能做到诚实。当你自己来看这个问题的时候会发现，你真正想要的是应聘者在诚实方面变得有说服力。换句话说，从事实本身开始，然后尽最大努力以最好的方式来展示那些真相。

"用提问来回答问题。"这个建议是认真的吗？在人际关系中，这个方法可行吗？当你和你现在的老板交流时，这个方法的可行性如何？如果你的同事总是这么个套路，你会怎么想？真是不可思议。

顺便说一下，所有传播这些秘诀的人要么（a）不知道该如何做得更好，要么（b）确实知道面试成功真正需要什么（艰苦的准备和练习），但同时了解到大多数应聘者只想要简单的答案，因为他们不愿意花力气做那些工作。

准备工作让面试变得富有成效

最佳的候选人——那些有合适背景，并且在面试中充分准备、知道该如何良好地进行口头表述的人——会在准备充分的行为面试中脱颖而出。他们知道，准备不足的应聘者对自己的过往经历不可能有详细的描述。

另外，最佳的候选人不喜欢非结构化的面试。如果他们发现面试官没有准备好有针对性的问题，就会知道面试官没有做好准备。他们反馈说，这感觉就像是，整个招聘流程退化成了在选"他们最喜欢的那个人"，而不是选谁才是背景最好、最适合岗位的。

但我并不是在说文化和个性契合在招聘过程中不重要。它们异常重要，做好最佳招聘决策，既需要文化契合又需要行为和岗位的匹配。对于非结构化、"凭直觉"、另辟蹊径的面试方法，它们的问题在于，可能会给应聘者造成一种"感觉"，你不会去充分了解他的技能和能力，而是会根据他的个人性格进行评价。

此外，你在结构化行为面试中同样能够获得关于应聘者文化/个性的丰富信息。预先准备面试问题的本质，是要让你避免新手面试官最常犯的错误：因为时刻在焦虑地思考下一个问题应该是什么，而没有专注于听应聘者回答你已经提出的问题。应聘者是能够意识到，你有没有完全专注地听取他们的答案的。

这种面试方法经常会让管理者们产生疑问："如果每个人都问相同的问题，我们怎么可能对每个应聘者产生不同的观点和看法呢？"对此问题有两个简单的答案。

首先，所有面试官在面试时都会带有他们个人的主观偏见。即使是相同的答案，被不同的面试官听到，面试官对每个应聘者产生的看法也会不同。当我们通过多次类似的面试来考察合格候选人的时候，面试官会根据他们各自的面试过程来得出不同的面试结果和结论。以我们的经验来看，大部分都是因为沟通方式的不同。但是，这些差异更多体现的是文化契合度，而不是在评估该角色的能力方面存在核心分歧。

其次，当我们学会了如何在面试中进行追问，每位面试官就会进一步提出不同的问题，获得应聘者不同的特质信息。这同样也是因为面试官个体的经历、个性和沟通习惯不同所导致的。

第十六章 每位面试官都需要使用同一组问题

　　你不能为了获得对应聘者的不同看法,而让你的团队成员在没有准备的情况下进行面试。准备得越充分的面试官才是越好的面试官。最好的准备工作是:根据想要了解候选人以前的哪些具体行为,而预先设定好相关问题。过往的行为模式是未来行为的最准确预测因素,而未来的表现不就是当你决定录用某人时的决定性付薪要素吗?

第十七章

每一场面试的基本流程和框架

除了要求每个面试官都使用相同的核心问题以外,还有一种很有效的方法,就是把每次面试的流程都通过结构化的方法固定下来。对面试官来说,面试有八个步骤(以下将详细说明)。这些步骤可能会让你和那些准备充分的应聘者感觉很熟悉。这是好事情,因为这有助于消除候选人因为面试焦虑而产生的压力。它对那些毫无准备的应聘者也会是有帮助的——但对准备充分的应聘者的帮助要大得多。这同样是件好事情,因为我们希望在招聘过程中,能够尽量"扩大侦查的范围"。我们希望尽可能容易地把优秀的应聘者和"还不错"的应聘者区分开。

自我介绍

每次面试的第一件事就是要向应聘者进行自我介绍。请同时告知你的名字和姓氏。"嗨,我是马克·霍斯特曼",或是说:"嗨,我是马克·霍斯特曼。很高兴认识你。进来吧,请坐。"

要真正做好这一步,我有一个介绍姓名的好方法。不要像通常那样介绍你的姓和名。对你来说,因为这样做太正常了,就会显得很容易,所以当你说自己名字的时候,语速通常就会很快。但对于一个紧张的应聘者来说,速度太快了,会让人很难判断哪个才是你的姓氏、哪个才是你的名字。所以,正确的说法是:介绍自己名字的时候要响亮,介绍姓氏的时候则要轻一些,

第十七章 每一场面试的基本流程和框架

两者之间记得要有停顿㊀。

所以，正确的说法不是："嗨，马克·霍斯特曼。"

而是："嗨。我是**马克**……霍斯特曼。"请你自己感受一下姓和名之间的那个停顿。

如果你怀疑我的这个建议，可以在向社交场合中的陌生人介绍自己的时候，尝试几次看看。突出你的名字，然后停顿，再说出你的姓。

此外，如果你认为应聘者忘记了你的名字就应该被淘汰的话，这种想法是愚蠢的。也许他确实记住了，但因为紧张又忘了。这都很正常，世界上有一半的人对记名字并不在行。没有一项工作的主要职责是以擅长记住他人的名字为标准的。我的意思是说，你没有必要把办公桌上贴着你名帖的那些东西都拿走，然后在面试进行到一半的时候搞突然袭击，问应聘者"我叫什么名字啊？"这既令人尴尬也很业余。如果他们忘记了你的名字，看在上帝的分上，原谅他们吧，把你的名字再告诉他们一遍就得了。

如果你确实对面试过程准备得很充分、评估也很综合，而应聘者在其他方面也有特长的话，你一定会很乐意原谅他们忘记了你的名字。如果应聘者表现不佳，你也根本没有必要因为"记不住名字"而淘汰他们。

你肯定已经在面试前研究过候选人的简历，那么就会知道他们的名字。但他们在回应你的介绍时再次说出自己的名字，才是合理的行为。（试想，如果你向别人介绍了自己，然后对方毫无回应，你会不会感到有点惊讶，甚至是失望？）

在应聘者做出回应以后，面试官要介绍一下自己在组织中的位置，这通常是会非常有帮助的："我向迈克·奥泽恩汇报，我负责内容和客户关系，我们将来会在同一个团队。"

如果你自己就是招聘经理，因为你已经是应聘者当天最后一轮的面试官，你可能就不需要这么做了。当然，如果你愿意的话，仍然可以再做个自我介绍，但应聘者很可能已经知道你是谁了。记住，安排候选人面试当天做的第一件事应该是跟你一起过一下日程安排。

最后，在介绍阶段，要感谢应聘者的到来。

㊀ 外国人名字在前、姓氏在后。——译者注

所有的话连在一起，应该是这样的：

你好。我是马克……霍斯特曼。

（候选人介绍自己名字）

我向迈克·奥泽恩汇报，我负责内容和客户关系，我们将来会在同一个团队。谢谢你今天能来参加面试。

应聘者反馈说，如果每次面试都能以这种标准方式进行的话，他们会感觉受到了尊重和欣赏。你肯定会有体会，面试日就像一台情绪搅拌机。一天下来，每个人的脸可能都模糊地混在了一起。结构化的开始能够让应聘者"重新启动"，释放压力。而这一点是最有帮助的。

简短的闲聊

在你正式开始面试之前，先与候选人进行一些简短礼貌的闲聊。如果直接进入你最优选择的第一个正式问题（"请介绍一下你自己"），会显得气氛有点不和谐。

可以问一些关于天气之类的开放问题，比如今日的交通情况、每日新闻、体育赛事，甚至是截至目前的面试感受。请注意，我们不建议问封闭式回答的问题。我们要试图建立一种对话的氛围。你可以问，"来的路上一切都顺利吗？""今天过得怎么样？""你昨天看道奇队赢球的比赛了吗？"所有只需要简短回答的问题，都会让人感觉是在被提问而不是两人对话。如果你既没有进行自我介绍，又一上来就开始问那些封闭式的问题，会让人感觉自己像犯人一样在接受审问。

例如：

你今天坐飞机/开车过来顺利吗？

今天外面的天气怎么样/你从哪里过来的？

第十七章 每一场面试的基本流程和框架

你对进行到目前为止的世界杯比赛有什么看法？[⊖]

你的面试进展如何？

面试概述

上述对话需要大概两分钟时间。它能帮助候选人深呼吸和放松，因为候选人很可能会由于担心自己无法给人留下好的第一印象而感到紧张。尽管这样做也可能会帮到那些对面试毫无准备、容易紧张的候选人，但这种安排对你的最佳人选更有帮助。他们会放松下来、有所准备，能够立即进入对话状态。即使面试的正式部分可能还没有开始，记得你已经在开始评估候选人了。

现在，你要为候选人简单介绍接下来的面试会如何进行。你要告诉他们，接下来你会问他们一些事先准备好的问题，大部分是行为面试的问题。你会做一些记录，还会定期打断/追问一些额外信息。大多数情况下，你还会给他们留一点时间问问题。

下面是一个标准的介绍话术，也是管理者工具箱面试创建工具（ICT）的一部分输出成果，你可以在附录中找到这部分内容：

感谢你今天能来我公司面试。在管理者工具箱公司，我们使用行为面试方法。我接下来会问你一系列关于你过往经历的问题，以及你当时是如何处理这些问题的。我大概有10个问题。如果这里的其他面试官问到你同样的问题，请不要感到惊讶——这是正常的安排。我们希望能确保所雇用的每个人都具备同样的品质，而正是这些品质让我们一直到今天都能保持成功。

有时我会打断你，更多地去了解一些情况。不用担心，这也是正常现象。我会做一些记录。请不要因为这个举动而分散你的注意力。由我先问你问题，最后会留一点时间来回答你对我们的疑问。我要说的就是这些。我很高兴你能来，现在让我们开始吧。

[⊖] 关于体育问题，你如果对此类内容不太感兴趣，可以不问这类的问题。没关系的。但不要错误地认为体育活动不是专业的话题。它们是的。主流的体育赛事结果是一种新闻，也是礼节性对话的合理话题。

请介绍一下你自己

我们建议你把"请介绍一下你自己"作为每次面试中的第一个正式问题，因为它具备了几项重要的功能。

请记住，本指南适用于所有面试官，而不仅仅是你。如果你亲自做过了电话筛选，已经问过这个问题，你可以选择跳过它。当然，你仍然可以把它作为一个过渡到行为面试的问题。

这个问题比较简单

作为第一个正式的面试问题，还有什么比让候选人做自我介绍更简单的吗？这才是每一次面试的核心（尽管网上有人说候选人应该围绕招聘公司的情况做准备）。优秀的候选人的回答会是内容精彩、准备充分、有条理的。素质不高的候选人的答案则会很空洞，让你费心思去追问他们当时的决策和所产生的结果。

它能逐步导入追问

通常，自我介绍要比死记硬背简历上的内容来得更高明。这意味着你会听到更多关于候选人个人在职业和专业方面如何发展的想法和决策，你需要追问这些决策的"原因"。擅长在团队中做决策的候选人能够清楚描述他们所考虑的可选项、每个选项的利弊都有什么以及他们如何做出决策的过程。候选人如果不记得这些内容，或者给出简单的答案，比如"当时这看上去是对的""这是我唯一的选择""我别无选择""这是其他人都在做的事"等。这些都只能传递一个信息，那就是：他们没有良好的决策能力。即便这种决策最终被证明是无关紧要的，它的思考过程仍然很重要。一个不能清晰表达决策过程或范式的候选人，在将来为你工作的时候同样不可能做出明智的决策。

自我介绍问题的一个缺陷是：有很多候选人都学习了互联网上所谓的指导。 最常见的说法是，"最好的做法是'回答不要超过一分钟，因为面试官问这个问题的目的主要是为了能够追问你的答案，他们知道自己要寻找什么，所以候选人不要太详细地回答这个问题'"。

　　这种指导建议目前居然已经成为主流观点！这些所谓的顾问并不知道什么才是优秀的"自我介绍"。他们只知道好的面试官会追问，所以推断出候选人不需要更具体的指导。

　　这是个很烂的指导建议。应聘者这么做的话，会给人感觉是毫无准备的，而且也会让面试工作变得更加困难。在很多情况下，面试官会认为自己不需要再追问了，因为候选人没有说出任何有意义的话。是的，作为面试官，当然可以继续努力，尝试挖掘出候选人过往的一些重要决定和结果，但这通常会需要很长时间。这就意味着你没有足够的时间来问那些更详细的行为面试问题，而这些问题才是关于工作岗位匹配的核心部分。对于这些核心问题的答案了解得不够，越会让你无法确定候选人能否胜任这份工作。不幸的是，由于我们的招聘原则是为了找理由说"不"（而且我们的时间有限），这就意味着我们不会继续考虑那些准备不足（或被坏的指导建议带偏）的候选人。

　　（简单地说，一个优秀的自我介绍需要 3～5 分钟时间。它能展示一个很好的个人综合印象，让面试变得容易，也让面试官获得足够的信息来追问关于职业/人生的选择。但也不要说得太多，如果你介绍了 15 分钟，那就过于琐碎了，而且效率也变低了。）

　　值得注意的是，时间进程始终是影响候选人的关键因素。没有充分准备、没有研究过自己的背景、没有练习过如何合理回答问题的候选人，会占用更长的面试时间。如果他们早期的答案结构不合理，我们就不得不努力去挖掘要找的信息，这就会导致我们没有足够的时间来问完所有的问题。既然我们可能没有足够的时间来了解候选人并做判断，最终就不得不拒绝候选人。

　　你可能会有这样的想法："好吧，这可不是公司对面试的预期结果。如果有足够的时间，我们说不定就会发现他们是合适的人选。"你说得对，他们确实可能很棒。

　　但这样的假设毫无意义，因为你并没有足够的时间。令我们惊讶的是，竟然会有那么多管理者没有提前准备好正确的面试问题，也不花时间研究候选人的简历、对有兴趣的内容事先做好标记，而他们总是想着能有更多的时间来进行更长时间的面试。

另外，当我们开始想着为录用候选人找理由的时候，我们的"确认偏见"就开始滋生了。如果我们试图为录用某位候选人而找理由，理由总是存在的，特别是当候选人已经通过了之前的一系列筛选的时候。这就违反了高效面试的第一个原则：要找对候选人说"不"的理由。永远不要过分纠结于该如何去避免错误地否定一个人（对一个合适的雇员错误地说"不"），以至于让自己雇了一个不合适的人——成了"人间地狱"。

你还可以辩解"这是一个沟通问题"。你可能是对的。但这通常可能是由于候选人缺乏准备所导致的，而缺乏准备是怀疑候选人是否真心愿意来工作的一个非常好的依据。

我们秉持这种观点的关键在于，"沟通是所有专业人士最常见的行为"。在面试中我们必须要考察候选人的沟通技巧，要限制时间，因为那些在面试中沟通不佳的候选人，未来在你的团队中也会是一个糟糕的沟通者。候选人应该要了解，面试有局限性，尤其是在时间方面。他们知道自己不可能告诉你一切。他们知道自己必须针对招聘的岗位要求来突出自己最优秀的品质。

你听说过有多少高效的专业人士会说"她是我们最好的选择，但是她的沟通能力很差"。这只会发生在少数天才身上，这些人的岗位通常是为他们的专长而量身定制的。这种情况非常罕见，也超出了本书的考虑范围。

我们发现，很多管理者认为"请为我介绍一下你的简历"和"请介绍一下你自己"这两个问题是等价的。但它们并不相同。对于一位准备充分的面试官而言，"请为我介绍一下……"的问题很少能给他提供任何新的信息。这几乎会让每一位候选人都按时间顺序来描述自己在过去所有或大部分的工作，而这些应该是我们已经提前了解的。如果有人做过七八份工作，这样的问题只会让我们听 5 分钟那些已经知道的事情。如果你面试的是一位经验不足的候选人，而她又没有足够的经验背景来填满她认为这个答案所需要的时间，她就会错误地开始深谈一些具体的成就。这可能会与我们关心的内容是相关的，更有可能是无关的，因为她很可能会突出一些我们不感兴趣的行为。

你可能会听到一些很有趣的答案，但是效率太低了，这样我们可能就会没有足够的时间来弄清楚，她是不是拥有我们理想的候选人应该具备（并且要做得足够好）的经历。

关键的行为面试问题紧随其后

在候选人的自我介绍环节，通过追问获得信息后，可以马上开始你的行为面试问题。根据工作岗位的技能和能力的重要程度，按从高到低的顺序来提问。我们之前已经讨论过该如何创建这些问题。

个性化/针对性的问题

你可能还想问一些个性化的问题（这些问题仍然可以是行为方面的，安排在之前的三个步骤后）。这些问题可能与你的文化、团队结构或流程有关，或者你希望追问一些特定领域的知识。一般来说，我们这里指的不是专业技术能力。对专业技术能力的评估——目前最常见的是软件开发能力——应该在之前的面试中独立安排。

回答问题

一旦你问完以上这些问题，应该允许候选人提出他们自己的问题。一般来说，候选人只有两到三个问题。

如果为了节省时间，要在面试结构化流程中选一个可以跳过的环节，那就是候选人问问题的环节。虽然我们不建议你这么做，但这种事时有发生。说实话，通常来说，候选人的问题太多了。如果你在面试结束前还有两三分钟的时间，让候选人问一两个问题就可以了。如果你有五分钟的时间，明智的做法是再问一个你事先准备好的行为问题或者个性化问题。

让候选人问问题的背后，可能是你已经下定决心不推荐雇用这个人了。如果你已经下定决心，而且面试也快要结束了，那就让候选人问一些问题，而不再继续提问。

继续提问（相比回答他们的问题），可能会存在让你的决定发生微妙变化的危险。大多数面试官一旦决定拒绝候选人，行为就会显得草率。不要自欺欺人了，候选人一定会注意到这一点。如果他们从面试官的行为举止（要比你想象的更难掩饰、更容易发现）看出他已经不再感兴趣，那么继续向候选人提问就会令人讨厌。

避免草率的方法是：要么继续问你提前准备好的问题，同时勤奋地做记录；或者如果面试已经接近结束了，那就让候选人问一些问题。但不要因为候选人问了一些很棒的问题，就犯错误，去"复活"候选人。他们的问题价值远没有那么高，因为你的判断是基于把他们的行为技能和工作要求进行比较所得来的，而之前那些问题已经让你做出决定了。

如果你已经决定不推荐候选人，而且跳出了你准备的问题范围，我们发现很多面试官会停止做笔记。而这些都是候选人能感知到的危险信号。

还请记住，我们在面试结果汇总会议上，只能代表一个人的意见而已。虽然我们通常只推荐获得全票通过的候选人，但这并不意味着每次意见都会那么明确。最好还是戴上你的"评估帽"，即使你个人已经决定投否决票了。稍后还会讲到，你必须引用面试过程中所观察到的具体行为来支持你否决的观点。你能举出的行为越多，你的意见所占的权重就会越大。

如何评价候选人的问题

有些问题令人印象深刻，而有些问题则比较平常。在我们给出如何评价这些问题的建议之前，先思考一下候选人问问题背后的常见想法。这会很有价值。

请注意：绝大多数候选人认为面试是一条"双向车道"。你会告诉候选人，面试是他了解你和你的团队以及公司的机会。这话虽然不假，但也引发了更多互联网上的愚蠢建议。"双向车道"和"了解公司/岗位/团队"被异化成了"候选人面试公司""候选人与面试官是平等的伙伴关系""候选人在面试过程中也在挑选公司"。

即使是真理的种子也会长出巨大的谎言。这类指导又被那些所谓专家广泛传播。同样是那些冒牌专家，还经常鼓励候选人 "用问题来回答问题"，但是，在互联网上，"没有人会知道你是条狗"。

在我们评估候选人的同时，他们当然也在评估我们，那是一种健康的状态。但是把这引申为 "我们在面试时是平等的"，这个想法就可笑了。在我们面试候选人的时候，他们并不是我们的平等伙伴。否则，按照那种逻辑来思考的话，那么候选人在面试中也能和我们一样问同样多的问题了。候选人的提问时间 5 分钟可是只占了 75 分钟面试时间的 6%。

我们才是主导面试的一方。在面试这件事上，我们拿了所有的底牌。如果我们不打算雇用候选人的话，他对我们的评价几乎毫无意义。

但是，当候选人回到她原来的生活、回到她自己的工作场所、回到同学和朋友圈，不得不承认她无法得到这个岗位的时候，她对面试过程的感受还是会发生作用。如果我们表现得不够专业、不礼貌或者不恭敬，她会用伊索寓言里面 "狐狸和葡萄" 的心态来为自己没有被录用做自我辩护，这就是 "吃不到葡萄说葡萄酸" 的由来： "反正我也不想在那里工作。"

这就是为什么我们要做这么多的事先沟通，解释我们在做些什么、为什么是这样做的，按照我们所说的流程去面试，并让候选人在衔接环节和面试过程中尽可能感到愉快的原因。拥有高标准并不是件难事，但在过程中始终保持亲和力则很难。工作中体现的伟大之处，不是你做了一个艰难的决定，然后对别人变得很挑剔，而是你能够优雅地达到高标准。俗话说得好，一名伟大的管理者即使踩在你的鞋子上，仍然可以留下光鲜。当你要求人们保持高标准的时候，记得要表现出友善的态度。

评价过程中的双向性是不变的真理。但是当我们或候选人认为这两个评估过程是在同时进行的时候，就会产生问题。因为事实并非如此。

当我们试图做出决定时，我们显然是占上风，我们的决定将占 95%。而候选人的决定仅当在我们发出录用通知后，才会产生效果。

到那时，就几乎 100% 是由候选人决定了。事实上，大多数认真的面试官都知道，录用通知就一句话： "你被录用了。" 这时候，控制权就从公司转移到了候选人的手中。

当候选人收到一份工作录用邀请时，他的评估才算真正开始。我们是通过问问题来评估候选人。而轮到候选人获取主动权和评估时，才是他问问题的时机。当我们谈到如何吸引希望录用的候选人的时候，会涉及更多这方面的内容。

所有这一切都在说明一个问题：候选人在面试中提的问题，对双方的决定都应该是不重要的。

好问题和坏问题的特征

好的问题会让你感觉候选人是**提前准备过的，能够引导对话，与候选人的角色是相关的**，最好还能引用一些在面试中讨论过的东西。坏问题的内容，往往是候选人在关心新岗位能让他得到或拥有什么，或者无法引导对话和交流。

提前准备过 即兴的简单问题就是准备不足的。既然你作为面试官认为面试是个"双向车道"，会花好几个小时来准备面试问题，但你竟然会认为候选人只会即兴问一些问题，有这种想法是不是很可笑呢？记住，这一点也不好笑，只会令候选人感到尴尬。

你在问题的导入部分就能够看得出来，候选人的问题是否提前准备过。例如："我注意到，公司的传统产品目前的需求量仍然很大。我的岗位在传统产品与新兴技术结合方面的职能是什么？""我了解到，由于法律规定的变化，你对公司服务项目的新用途感到很兴奋。请问，团队的工作与此有何关联，这对我的工作会产生什么影响？"

引导对话 当你通过对话的形式结束了所有的提问和追问，候选人如果只问一些封闭式的问题，或者对问题的回答只是要求一个简单的数字之类，这种提问方法是不妥当的。首先（当它发生时，你一定会感觉到这一点），面试的对话特性会突然消失。它会大大地降低面试的对话氛围。

其次，只需要简单回答是或否、数字类的问题（如果候选人真的在认真考虑公司岗位的话），还预示着候选人的本性可能就是认同简单的黑白是非观念的。尽管事实上在许多情况下候选人可能不清楚管理 5 个人或者 10 个人在公司里究竟是一种对能力的敬佩还是鄙视。你刚刚结束的行为面试问题不是在暗示对和错，而是要通过候选人发出的信号，收集大量微妙而复杂的相关信息，进而来做一个重要的决定。

与公司或行业无关的（这条指南不适用于那些与公司战略相关的职位，这些职位需要把以上内容作为面试考察的一部分——通常是组织里非常高层的岗位）

2019 年（以及过去 10 年）的候选人都被互联网误导，认为他们的准备工作应该与他们要面试的公司有关。

这在很大程度上是因为甲方公司告诉那些猎头公司，他们已经厌烦了面试的候选人对岗位几乎毫无了解，对公司更是一无所知。同时他们还知道，由于互联网的发展，任何人都可以很容易地获取关于公司的信息。而在互联网出现之前，获取公司信息可是要花时间和精力的，还不如把这些时间和精力用来更好地做自我准备。

但令人懊恼的是，这却导致候选人在获取公司的高层法人、战略、竞争、业务/财务状况等与招聘岗位毫无关系的财经新闻方面，准备得过头了。因为以上这些信息太容易获取了。此外，除了那些高级职位（会占用很大比例的招聘和面试预算，也是招聘新闻主要报道的内容），我们的经验是，大部分候选人没有足够的知识来理解和识别自己接收的那些信息，因为他们根本不懂。很可能他们也会去问一些身边人，但那些人所知道的其实也有限，并不足以给出一个好的回答。（这对于那些并非处于高级管理层的人来说，可不是一件轻松的事。举个例子，大多数董事总经理（经理级人员的上级）对于自己公司不同区域的产品和盈利之间的关系也搞不清楚。）

此外，关于公司/战略/行业的问题主要是为了帮助候选人决定自己对所招聘岗位的感兴趣程度。如果这个人没有收到录用通知，这纯粹就是浪费时间。这对候选人来说是一个糟糕的战术性行为。候选人在面试中花时间收集信息、让自己做决定，其实是在浪费时间，而浪费的每一分钟原本都应该被用来说服招聘经理录用自己。

关于薪酬和福利的问题是自私的　问自己能得到多少报酬、公司有什么福利、他们会有多少休假的那些候选人，都在犯类似的错误。现在讨论对候选人的定薪问题有什么意义？（a）我们还没有决定是否录用候选人；（b）在我们还没有决定之前，要我们搞清楚该给候选人多少钱，那就是在浪费时间。

由此，你可能会问：难道是在建议不要雇用那些问这类愚蠢或自私问题的候选人吗？当然。

面试流程中的每一步对于我们做出招聘决定都是有帮助的。记住，高效面试的首要原则是找到说"不"的理由。如果我们的流程是为了避免招聘错误的人选，那么我们已经准备好可能会错过一个优秀的候选人。错过总比招错人要好。

但我们也说过，候选人问的问题不如他在面试中的回答那么有参考价值，那么，平衡点在哪里？接下来，我们用两个例子来说明一下。

第一个案例，你有一个候选人，直到他提问之前，他的表现都很杰出，对问题回答得都很好。很显然，他具备了岗位在技能和能力方面要求的正确行为背景。他还（非常）善于沟通。但接下来，他问了一系列愚蠢的、也可能是自私的问题。当然，这让之前良好的面试印象扣了分。

面对这种两难的局面，问问你自己：对于他在提问中所展现出的这种自私或缺乏准备的特质，我之前是否已经意识到了？

也许候选人的背景很好，但你在面试过程中已经有了一种模糊的感觉，这个人有些傲慢或以自我为中心。或者是你之前并没有特别意识到，只是感觉有什么在困扰你，而当你听到他的提问时，你立刻意识到问题所在：他以后会很难管理，或者他不是一个团队合作者。如果是这种情况，我们可能会告诉你，不要雇用这个候选人。

又或者候选人的回答很棒，他在面试过程中也没有让你感觉到自私。你真的很喜欢这个候选人，认为他是一个很好的文化契合者。在这种情况下，我们有理由得出这样的结论：他只是学习了一堆很烂的面试指导，把糟糕的提问当作是好问题（它们并不能代表他的特点）。在这种情况下，我们可能会建议你仍然推荐雇用他。

第二个案例,有一位候选人表现得也还行,但不是特别打动你。她的回答中规中矩,但你花了不少工夫做追问,获得了还可以的答案。你已经有了结论,这个人的沟通技能一般。然后她问了一系列愚蠢或自私的问题。

就凭她这些糟糕的提问,我们建议还是不要雇用这个人了。

对沟通能力的要求我们需要理解得更宽泛一点:记住,沟通对于你团队的每一个人来说,都是最常见的行为。沟通水平不行就足以拒绝一位候选人。举个例子,如果有一位候选人在回答你一个很重要的行为面试问题时,只讲了一分钟。而你每次追问想了解她的同类行为时,她接下来的每一个回答,都只讲一分钟。

那么,这位候选人就不是一个好的沟通者,我们也不建议你给他/她这个职位机会。那些拥有所有专业技能,但无法察觉出不同情境并根据情境改变自己交流方式的候选人,他们可能也会完成工作,但会是很差的团队成员。

第十八章

如何在过程中进行记录

人们会发现做笔记似乎总是一件很困难的事情。经常会有人问我们，该如何在面试中做笔记，是否有什么符号或速记方法，以及面试过后如何把这些内容快速地整理出来。

在面试中做好记录比在其他任何场合都更加重要。笔记不是什么法律文本。（尽管有些人可能会告诉你要小心所写的东西，因为它们可能会作为法律证据）。笔记之所以重要，是因为你需要基于证据来做招聘决策。你要记住当时所听到的内容，以及得出的结论，唯一的方法就是要做好笔记。

那么，要写些什么，写在哪里呢？

将面试问题预先打印在答题纸上

如果你使用我们的面试创建工具（参见附录），你就会有一个完美的文本：一张预先打印好的工作纸，每一道面试问题都记录在上面，问题要问的是什么行为，以及预留了空白处记录候选人的答案。

如果你的 HR 部门使用胜任力模型或结构化问题，他们可能会给你一张类似的表格。如果没有人给你指令，而你又不想注册我们的面试创建工具软件，那你就必须在工作纸上自己创建内容。

为什么要用工作纸，而不是在笔记本的某一页空白处做记录呢？因为你需要每次都以同样的方式问同样的问题。这是唯一能保证你在回顾不同候选

第十八章　如何在过程中进行记录

人的答案的时候，进行同类比较的方法。如果你问某一位候选人"请告诉我一个，你曾经影响了项目方向的例子。"又问另一位候选人"你是怎样影响项目方向的？"这两个问题的答案其实是不具有可比性的。虽然问题是相似的，但是两者间有着微妙的区别。当你的问题存在细微差别的时候，用来相互比较候选人，这是不公平的。所以，不管你用什么方式做笔记，你需要一张单独的工作纸，事先把你要问的问题都打印在上面。

你仍然可以同时使用你的笔记本加一张单独的工作纸。但是，那就变成了两件物品，再加上你的笔，以及你手里的咖啡杯，还要同时倾听候选人的答案，并做记录。为什么要搞得那么复杂呢？

此外，有人可能隔了6~8个月或者更久的时间以后，还需要查看这些记录。（有些人一直有个疑问，在欧洲，招聘过程的相关文本到底需要保留多长时间？最常见的答案是6年。）如果你需要回过头去，找几年前用过的笔记本中的某一页，你能够做得到吗？

将每个问题和记录的候选人回答都放在一张纸上，还能让面试的逻辑变得更清晰，也让之后的归档和保留工作更简单。（将它与候选人的简历和其他复印件归档在一起，当需要再次找这些文档的时候，这会是一个看起来很有条理的好方法。）

仅用手写来做记录

用笔记本电脑做记录在这几年变得相当流行。经常有人跟我们管理者工具箱质疑，你们竟然认为在笔记本电脑上做笔记是一个不好的选择，这种想法也太保守了。但我们仍然坚持自己的看法，其中的原因有很多。

做笔记最重要的目的是：对所发生的事情进行良好的记录。换句话说，做笔记应该考虑效果，而不是效率。研究反复证明，比起那些用笔记本电脑做记录的人，手写笔记的人会对事情的经过有更好的回忆（他们在呈现内容的测试中得分更高）。

我们最喜欢的能证明笔记有效性的例子是：用笔记本电脑、手写和第三组模拟用纸笔做记录。其中，用笔记本电脑做记录的小组在回顾事情细节上的得分是三者中最低的。

不仅如此。如果你使用笔记本电脑做记录，应聘者会认为你在做别的事情，比如收发电子邮件。即使你关闭了电脑上所有其他的应用程序，仍然改变不了应聘者的想法，他们会认为你在处理邮件或消息，甚至在出神。这个理由显然已经足够了。

还有其他更多原因。几年前，管理者工具箱培训了一家公司的经理人员，这家公司的业务是派研究人员采访病人在药物试验中的情况。他们当时对终于能够在采访病人的过程中使用笔记本电脑感到非常兴奋。在这之前，他们必须手写做笔记，回到办公室后再把信息输入系统。使用笔记本电脑能够让他们在现场待更多的时间。

然而，事情的发展趋势正相反。几个月后，他们取消了用笔记本电脑记录的方式。貌似有病人向医生抱怨说，他们的评论/回答/感觉/症状没有被充分地记录下来。正如他们中的一位经理对我们所说的："他们会对我们问的一个问题说上2分钟，但因为只听到50次键盘敲击，就认为我们没有忠实地记录所有内容。事实上，这些内容已经被完整记录了。"

通常，用笔记本电脑做记录被认为是有效率的，因为你可以不必再重新花时间把手写的内容输入电脑系统中。这在技术上是正确的，但是偏离了事情的重点。首先，我们可以通过用手机拍照、发短信、发邮件或者发帖的形式，把我们的笔记内容数字化。虽然它可能不会是100%可被检索的，但是你过一两天后，再次检索面试中一句话的概率是多少呢？是零。

所以，请用手写做记录。

尽可能多地记录内容

虽然这听起来并不有趣，但数据显示，优秀面试官的最佳预测指标之一（识别真正的合适人选和真正的不合适人选）是那些记录下更多面试内容的人。没错——如果你只给我们一个数据来评估面试官的能力，我们只想知道他们的面试笔记记得有多么详细：候选人说的话，有多少被他们记下来了。

当然，你不可能把一切都记下来。但正如你对笔记的理解一样，你并不需要写下每一个单词，来记录候选人所传达的主要观点。

准确地记录你所听到的

这是管理者工具箱公司对付雇佣诉讼的秘密武器，也会让你作为一名招聘经理的工作变得更加容易。请正确记录你所听到的内容。

许多管理者会在写下他们所听到内容的同时，也记录他们所得出的结论。所以，他们可能会写成："讲了一个关于项目经理受控的案例。听上去似乎能支持管理者并扭转局面，很好。"

现在来说一下为什么不应该这么做。首先，你的结论"好"或"坏"都被白纸黑字地写下来了。如果出于某种原因，你的笔记成了诉讼证据，那些内容可能会成为律师的把柄。警察在工作中只做事实性的陈述，这是有原因的。一个人事实上说过些或做过些什么，是不容争辩的。但以此得出的结论，却是可以辩驳的。如果你的结论没有被写在纸上，就没有人能跟你探讨其合理性。我们可以向你保证，如果你按照我们建议的方法做好笔记，你一定能够记得你当初做出的结论。我们甚至可以从10年前的面试中找到同样的答案。

其次，这么做要困难很多。在谈话中做笔记不是我们经常练习的技能。即使我们经常在会议上做笔记，通常也只是记下要采取的行动和我们需要记住的事情，那和要记下所有的说话内容是两码事。因为不常练习，所以当我们需要这么做的时候就显得很困难。对你来说，要记下所说的话，得出结论，并记录下这些结论，那就需要大脑同时去做三件事情。对，你还要记得微笑和点头，让候选人感到舒服，你还要想着如何进行追问，同时担心面试能否准时结束。不要让一件已经够复杂的任务变得更复杂了。

写下你听到的。如果你全神贯注只做这一件事情，那么在相同的时间内你将能够做更全面的记录。例如："曾作为项目副经理参与100万美元的项目。项目经理因为到处救火，导致失去控制、不能有效分配任务。候选人熬夜工作，完善更新了系统，提供了准确的图像。说服项目经理按照建议重新分配任务，并在简报新分配任务的团队会议上获得支持。按时、按预算要求完成项目。"

即使你只看到那些笔记，从没有面试过候选人，你仍然会得出同样的结论："似乎能够支持经理并扭转了局面，很好。"而且，你现在还知道了候选人是乐于助人的、优秀的，任何看到你笔记内容的人也都会得出相同的结论。

写下候选人所说的话，是你在面试意见汇总会议（IRCM）上陈述推荐建议的有利行为证据。我们将在第二十章进行讨论。你需要做出是否雇用候选人的建议，并使用候选人在面试过程中表现出来的具体行为来支持你的观点。

如果你在面试记录中写的都是自己的结论，那么你在面试意见汇总会议中就无法轻松地去支持这个结论。如果会上有人不同意你的观点，而他们却有支持性的证据，而你没有。那么，你的建议就不可能像同事建议的分量那么重。

使用缩写

你当然需要笔记内容清晰易懂，但是你不需要写得像剧本一样详细。根据行业和职业的不同，你可能会反复使用一些特定的缩写。

在大多数情况下，我们可以从单词中去掉元音，让书写更短，但仍能保留其含义。我们总是使用大写字母 C 来代表候选人。这样的话，当我们的一个句子需要主语，就能省一些时间。对于较长的单词，也只需要写下第一个音节：例如，Imp 代表重要，Info 代表信息。⊖

但也不要缩写得太过分。如果你的笔记看起来更像二次曲线方程而不是散文，说明你可能聪明过头了，反而会让事情变得困难。

⊖ Imp 是 Important 的缩写，Info 是 Information 的缩写。——译者注

第十八章 如何在过程中进行记录

管理者有时候会把在面试中做笔记想得过于复杂。他们或是因为不清楚HR"需要"什么而产生恐惧心态，或是害怕面对未来可能被诉讼，这一切都迫使他们得出了错误的结论。其实这事很简单，准备一张纸，上面预先打印好问题，并预留空白处做记录。只记录你所听到的内容，准备然后把它跟简历资料一起归档。完成。

第十九章
如何解读行为面试中候选人的回答

我们从管理者那里听到最多的问题是"我应该问什么问题?"这是一个很好的问题——也是为什么我们授权颁发面试创建工具,但这不是最关键的问题。

最关键的问题是应该如何评估候选人的回答?由于各种原因,大多数人在这方面做得很糟糕。我们经常过度依赖自己的直觉,没有足够准备,去了解我们真正需要寻找的是什么行为特质。我们总是自信"当我们看到它时,就会马上知道。"我们喜欢候选人的答案跟自己的相近等,都是偏见。

让我们再次回到招聘的第一原则。我们要找的是什么?一个能做好我们岗位工作的人。什么是让某人做好某项工作的必备条件?是行为。

所以我们准备了一系列的行为面试问题,然后用这些问题去问每一位候选人。但不幸的是,候选人的回答与行为无关!他们有各种理由,例如,大多数人认为他们没有足够的时间来回顾自己在某件事情上的所有行为,比如他们正在讨论的某个项目。他们是对的。另外,许多候选人缺乏针对行为面试进行的专业准备,他们不知道该如何突出自己的行为,而是着重描述自己的成就。

这就意味着,我们必须在提问以后仔细倾听候选人的回答,然后追问具体行为细节。

但这并不是说,我们在任何时候,对于候选人的所有回答,都必须要追问更多的具体信息。这会花很长的时间。(我们希望你看到的是我们想要的完整评估,所以时间是我们的敌人。)我们不可能追问一切细节。这就是为什么我们要提前做工作,标出与我们所招聘工作岗位相关的重要行为。

提问行为问题,然后追问具体行为细节。面试科学就是要为这两者找到最佳的平衡,我们既需要(a)对候选人的经历有一个宏观的判断,也需要(b)就某些重点领域,找机会对候选人进行深入研究。

在谈论要追问什么内容之前,我们需要先学习该如何进行追问。

当我们进行追问的时候,需要打断候选人的叙述。因为我们会有相当多的追问,所以必须避免给人留下经常打断他人说话的坏印象。

这意味着当我们追问的时候,首先要道歉。请记住,我们要努力让面试变成一种对话的形式。这将有助于最佳的候选人达到理想状态,也会帮助所有候选人都放松下来,积极地描述他们的经历。

而当我们在正常的对话过程中去插话的时候,自然而然地会因为打断他人做简短的道歉。

所有好的追问都以致歉开头,然后获取更多额外的信息

既然已经知道了该如何进行追问,那我们到底要追问些什么,或者为了什么而去追问?一般来说,有两个方面是必须追问的:(a)候选人所做出的决策,以及(b)我们已经在准备工作中明确的、与岗位相关的最重要的行为。

我们追问关于决策的内容,是因为那些在过去做出了出色决策的候选人,也会在将来为我们做出良好的决策。不幸的是,在面试中,我们对于好的决策的讨论经常是不够充分的。

我们理解这种想法,并且自己也实践过。一位优秀的决策者,如果他从未设计过任何一栋建筑,要雇他来造房子,这听上去毫无道理,对吧?但这里缺少了一些分析。决策能力是任何技能固有的一部分。彼得·德鲁克提醒过我们,决策是一种行为,因为它不但包括我们做出的选择,还包括了我们为实现它而采取的行动。如果我们不对候选人做出的决策进行追问,就不可

能了解他们是否具有良好的决策能力。

决策能力是一个人能力的关键组成部分，它帮助人们独立行动、学习和提高技能。如果我们需要雇用一位能独立开展工作的下属主管，我们希望他们在未来能够做得更多，我们必须要去了解他们做决策的能力。而唯一可靠的方法就是通过提问来了解他们过去在这方面做得怎么样。追问过去的决策是对行为面试基本原则的经典运用：**过去的行为是未来行为的最佳预测指标**。

所以，我们想知道更多关于候选人决策能力的信息。但如果追问的问题无法像核心问题那样事先准备好的话，我们怎么才能知道，在什么时候应该进行追问呢？这很简单，真的：我们要注意听候选人回答中所陈述的场景，关注那些他们貌似做了决策的情况。

根据多年来面试了数万名候选人的经验，我们发现，候选人一旦使用了某些词或短句，就意味着他可能做了决策。

- "所以……""所以我……"所以然后我……"当候选人说"所以"的时候，这意味着因果关系已经发生。所以，我们也想知道"背后的原因是什么？"
- "这是显而易见的……"和"显然……"这是候选人常用的一个口头语。通常意味着他正试图向我们隐瞒他的想法（虽然有时情况确实如他所说的那样）。但这可能是我们打断他、进行追问，来进一步理解原因为什么是"很明显的"时候。它在什么方面是显而易见的？
- "我的结论是"和"我得出一个结论……"结论预示着某种形式的推理。决策的过程是什么？
- "我的计划是……"如果候选人谈到一个计划的大框架，但没有对其他的考虑选项或放弃的计划进行概述，就需要你来问一问这些内容了。这个计划是如何制定的？你还考虑并放弃了哪些其他选项？

当你观察到某些细节的时候，可能就不需要再让候选人进行详细陈述了。例如，"他说事情进展看上去挺不错的，所以我计划继续干下去。"在这种情况下，延续计划的理由依据是这事已经开始了。

不幸的是，我们中的很多人对于决策，遵循的都是"如果是我会怎么选，

第十九章 如何解读行为面试中候选人的回答

这事对我来说是显而易见或无须解释的……"的逻辑,所以我们不会要求候选人进行澄清。出现这种情况的很大一部分原因是,我们错误地假设了候选人会采用与我们相同的内在逻辑做判断,采取与我们意见一致的行动。这种假设至少有一半的概率是错误的,有时甚至更大。

我们最喜欢的例子之一是最近面试的一个大学毕业生。在提到他选择了一个令我们印象深刻的大学(也是我们进行面试的地方)后,他还提到了其他(也不错)的学校选项,我们就问他是如何做出决定的。他回答说,"我的几个好朋友都去了那里。"

这不是一个候选人具备良好决策技能的信号。是的,我们会因为年轻人缺乏经验而原谅他这一点。但这个案例告诉我们,我们完全有理由进一步追问决策的其他选项。它与另一位讲述自己选择的毕业生形成了一个有趣的对比,那个学生列举了选项间的相对优劣势,并选择了与她的关键要求最匹配的学校。

以下是关于整个追问过程的一些示例——从道歉、询问到理解候选人的决策:

- "如果你愿意的话,请针对你刚刚提到的那个行动/计划,为我们解释一下你的理由。为什么你会选择那个行动/计划?"
- "很抱歉打断你,请再跟我讲一讲你是如何做出那个决定的。"
- "抱歉打断一下。你为什么决定要这么做?"
- "对不起,能否根据你刚刚提到的内容,再详细解释一下,为什么要这么做?"
- "我很抱歉,但是你能帮我解释一下你的分析吗?为什么会有那些选择?"

对决策进行追问并不难,只是我们大部分人没有那么做。我们过分忙于思考岗位所需要的某一项特殊技能,无论是新媒体的创意,还是让客户签单,排队理论,或是低成本的结构设计能力。

但是,对于所有这些技能和能力来说,决策是一个关键的潜在因素。请放心:只有那些能够谈论他们为什么要做这些事情的候选人,才是知道该如何做优秀决策的候选人。如果你的下属的决策能力很差,你最终可能沦为不得不为他们去做所有的决策。

追问一个关键的行为:沟通

我们强烈建议你将沟通技巧作为几乎在所有情况下都需要面试的一个核心行为。沟通是所有专业人员在工作中最常见的行为。没有良好的沟通技巧,无论员工在其他方面的技能如何优秀,甚至具备重要的核心能力,他们几乎都会影响团队的有效性。当一位员工沟通不畅的时候,不仅是他的工作没有充分得到利用,他还会在团队成员之间制造更多的摩擦,降低整体的绩效。

现代面试中的一个经典错误是:发现了一个出色的技术人才,并因候选人的技术光环忽视了其薄弱的沟通技巧。这种情况,几乎总是会以遗憾告终。

我们已经了解了一些指引,告诉我们该在什么时候追问,进一步了解候选人的沟通技巧。其实还有很多,因为我们在工作中几乎每天都在沟通交流。以下这些指示会为你指出正确的方向:

- "我和他们谈过了。"这个提示似乎很明确,大多数候选人会认为我们并不想回顾所有的对话内容。他们是对的,但在某些情况下,我们还是会么做。通常,我们想知道候选人是否可以根据她对沟通对象的了解来改变她的谈话方式。
  - "不好意思,请回顾一下,你当时说了什么?这个人是如何回应的?你是怎么说服他的?"
- "我们开了个会,然后……"会议就是在沟通交流,而且它们不同于一对一的谈话。会议可能包含了小组讨论、陈述、投票,勉强同意他人的想法。也许这个人为推进想法,提前与相关人员做了沟通。
  - "对不起,我能不能问一下会上发生了什么事情?你是怎样提出这个想法的?你事先准备过讲稿吗?你提前了解过每个人的反应吗?"
- "我们互通了电子邮件……"电子邮件是职业生活和沟通的重要组成部

分。但电子邮件只是我们的一种选择，还包括内部聊天板、面对面沟通、会议沟通、发短消息、闲聊、报告等。

- "对不起，请再告诉我一些内容，就是关于邮件沟通的。你为什么选择用电子邮件？你当时还有其他选择吗？你通常选择电子邮件沟通的标准是什么？"

不断倾听线索，把沟通交流能力作为筛选的重要行为指标。你面试的人越多，你的理解就会越深刻，也就会更多地意识到它的重要影响。

第五部分
录用决策

第二十章

召开面试意见汇总会议

通常,我们不会认为加快做事的速度能够提高产出的质量,但召开面试意见汇总会议(IRCM)却符合这个原则。

面试意见汇总会议和面试本身一样重要。等到每个面试官都结束面试后,我们就要马上召开会议。如果有超过一位候选人已经完成了最后一轮的面试,那就抓紧开会,不要等所有的候选人面试都结束。要记住,你不是要在候选人之间进行比较:每个人都应该是与你在准备阶段设定的岗位要求标准进行比较。

召开面试意见汇总会议的目的很简单: 在面试结束后,尽快地搜集所有面试官对于候选人的面试意见。当你要求其他管理者或下属帮你面试候选人的时候,记得告诉他们,什么时候面试,什么时候召开意见汇总会议。

会议安排

一般来说,在候选人面试的当天或第二天,就要召开面试意见汇总会议。我们建议会议至少要安排30分钟,但通常可能会需要一个小时。所以,最好还是能安排一个小时,如果你能早点结束,当然更好。

议程

一开始,你需要花 5 分钟时间告知大家你的议程安排,然后给每位与会者 5 分钟时间进行汇报。我们建议,在每位面试官表达完录用建议和理由后,

让大家先不要进行讨论。要让大家把汇报内容都讲完,然后再统一组织公开讨论。议程如下:

0:00——欢迎/告知议程

0:05——汇报1

0:10——汇报2

0:15——汇报3

0:20——汇报4

0:25——汇报5

0:30——公开讨论

0:60——结束

我们知道,有些读者认为请别人来帮忙面试你的候选人就已经很困难了,怎么可能再要求他们来参加会议?答案很简单。举几个招聘不太成功的例子,告诉他们新员工未来将如何在他们各自工作的领域影响到他们,告诉他们你也会随时乐意帮助他们进行面试。最后还要向他们保证,一旦他们了解到会议是如何运作的,他们自己也一定会想这么做。

所有面试官都需要出席并汇报意见

每个参加面试的人都要来参加会议。有些人可能会行程冲突,这也很正常。当有人不能出席时,我们的建议是让这个人在会议前通过电子邮件向招聘经理先汇报意见。每个人都要在下一步中遵循"是什么"和"为什么"的原则。

使用"是什么"和"为什么"的方法进行汇报

当每个面试官在汇报时,无论是当面还是通过电子邮件的方式,他/她都必须说明两点:"是什么"——你的建议是录用还是不录用,以及"为什么"——对所持意见的证据支持(主要是候选人的行为)。

首先,他们必须明确录用意见。不要扯远,也不要说太多虚的。如果你是面试官，无论你的汇报内容是什么，都要以"我建议录用/不录用"为开头来进行汇报。**这一点至关重要。**

面试官可能会谈一些候选人的经历，以及候选人在面试过程中说过的一些具体细节。有些面试官会试图避免做决定，或避免与招聘经理产生意见不一致的情况。他们会想要拖着，直到让你来做决定。但是，我们之所以要找不同的面试官，目的就是为了了解不同的观点。

直白地说，就是不要在会议的一开始就进行公开讨论。一旦面试官知道会议一开始就讨论的话，他们会很容易不带着自己的决定，就来参加会议。

注意面试意见汇总会议的结构原则：每个面试官在面试结束后都必须做出自己的决定：建议录用还是不录用候选人。

面试不是"讨论"，也不是"一个收集信息的机会"，更不是为了去"感觉"候选人如何如何。

面试就是为了让每个面试官都能有机会收集相关信息，做出招聘决策。高效的面试意见汇总，都是以"录用或不录用"来开头做汇报的。你的意见才是面试的结果/产出/产品，而不是信息、数据、思想，或感觉这些东西，然后在会议上推来推去地做"集体"决策。

规定面试意见汇总会议的汇报形式，就是为了迫使每一位面试官在面试的时候都牢牢记住一点：他们每个人都需要做出自己的决策。

如果不硬性规定面试官必须在每次面试后都做出决定，那么他们的行为就会变成单纯地去收集数据。如果这种情况发生了，我们的实证数据表明：大部分情况下，决定招聘的最重要因素就变成了谁先发表意见或者谁的声音最大，又或者是两者兼而有之。这种评估人才的方法很不专业。

如果面试意见汇总会议缺乏必要的流程设计，强制让每个人都发表明确意见，那么谁说话的时间最长、声音最大，谁就赢。这也太可笑了。

所以，每个面试官在会上说的第一句话都必须是"我会录用/不录用候选人"。

然后，他们再列举在面试中的所见所闻来支持自己的观点。我们要再一次**提醒**你，一定是先观点后证据。面试官喜欢谈论他们所看到的、听到的、分析为什么这些信息很有意思，以及他们是如何巧妙地得出结论的。但这些跟他们的录用建议比起来，**几乎**都**不重要**。

当面试官陈述理由的时候，必须举出候选人在以下四个方面的行为来支持自己的观点：**人际关系**、**文化**、**技能和专业技术**。（通常是因为你负责了技术面试部分，才有资格来分享对候选人专业技术方面的录用建议。）如果我们面试了一个 IT 公司的项目经理，而你只是一位和待招聘岗位必须有良好互动关系的营销人员，你就**不应该**对技术方面的胜任力发表任何观点。

对于以上三/四个方面中的每一项，都必须使用"是什么"加"为什么"的陈述格式：

- 人际关系：他和你的面试互动好不好。他在过程中说了什么、做过什么？
- 文化：你认为她与公司的契合程度如何？她有说过或做过什么，让你得出这个结论吗？
- 技能：你在候选人对四个行为面试问题的回答中发现了什么（包括他是如何表达的）？你为什么会这么认为？
- 专业技术：此人在专业技术评估中的表现如何？

对于上述的每一项，"你为什么这么说"都必须给出候选人在面试中具体的回答或者表现出的行为，来以此佐证他的胜任力。预先设定这些要求会有助于管理者在面试中去寻找这些内容。

下面是一个面试报告的例子：

我建议我们不要录用安德鲁。就人际关系而言，他在面试中不停地打断我，即使是在我已经要求他让我把问题先问完的情况下。在文化方面，我也有所顾虑。他提了两次，合作的作用是被高估了——他相信领导者自己做决策就好。就技能而言，毫无疑问，他能胜任这项工作。他告诉我，他曾经成功地按时完成了一个困难的项目。但他在人际关系和文化契合方面有大问题。所以，我认为不合适。

这会让在座所有人，包括招聘经理，都了解你的建议。

决定是否发录用通知

在你已经听完所有面试官的建议后，无论你选择的是什么样的决策模型，你都必须开始做决定。许多管理者会使用投票的形式来做决定：候选人必须获得简单多数或者绝对多数的投票。还有一些经理甚至会认为，其他所有人的意见只作为参考，招聘经理的面试和意见才占绝对权重。

我们建议你的决定最好采用一个（可修改的）全票通过的标准。只有当每个人都推荐录用候选人（也包括你自己），才准备录用。

当然，这并不意味着管理者工具箱认为一位候选人如果没有得到面试官的一致支持，你就不能录用他。现实中会有很多特殊情况，所以这一条也并不是铁律。

也许有一两个工作经验相对差一些的候选人，你在面试中也发现了这一点。但面试官们却选择了他们而没有建议录用经验更加丰富的候选人。那么，这时候否决他们录用以上候选人的建议可能就是合理的。因为有人可能在面试中或者意见汇总大会上，没有认真遵循你的流程要求。你可以选择忽略这种意见。

如果你的团队其他成员都建议不录用，但你仍然认为要用。这种情况下，我们建议你还是不要录用候选人。否则，大家就会发现你的发言权竟然超过了所有其他人的总和，那么所有那些最专业和最有经验的团队在支持你以后的招聘工作时就会变得不再那么尽心尽责。

我们推荐的决策模型会让那些以前从未使用过高效招聘流程的管理者感到不适应。通常的做法是，面试后的意见汇总是不需要结构化的，也可能是不及时的。不同的面试官会关注不同的方面（因为他们会基于对岗位的不同理解及受过的不同培训，来问不同的问题）。

我们发现，如果你遵循管理者工具箱的高效招聘流程，管理者以前遇到过的大部分分歧和缺乏条理的情况，都将几乎完全消失。请相信这个流程。如果在每个人都汇报了他们的建议和依据之后，你还是决定不下来的话，那么先感谢大家提供的建议，然后把你的决定暂时延后。

因为，这毕竟是你自己要做的决定。

当面试了多名候选人时，该如何决定

此时，通常是做出录用决定的时候了。即使还会有更多的候选人来面试，你还是需要先做一个录用决策。这么做是因为你不能肯定还有其他候选人也符合要求。此外，还请记住，招聘过程是将候选人与招聘标准进行比较，而不是拿候选人进行相互比较。

如果你确实还有其他候选人已经进入最后一轮面试日的筛选，而你当前的候选人又希望你能提供录用承诺的话，你只需要拖着不向候选人发录用通知就行了。这取决于你能找到其他合适候选人所需要的时间长短，你必须在做出最终决定之前，与候选人保持联系、维持好热度。

这就给招聘经理面试每一位候选人的时候带来了一个特殊提示。因为它发生在流程的最后一个环节，所以你（招聘经理）有额外的责任告诉每位候选人接下来的进程已经到哪一步了。我们鼓励你分享在公司面试意见汇总会议上的相关内容，鼓励你告诉候选人，你会定期（通常每隔三天）跟他保持接触，直到做出最后决定。

如果在最后一轮的面试日结束后，有一位候选人符合了你的招聘标准，你也可以选择对第一个符合要求的候选人发放录用通知，而不再面试其他人。

对许多管理者来说，这会是一个难以理解的概念。通常这是因为我们已经习惯了面试比较的想法，期待着面试每一个人，然后再从中"选择最好的"。但这经常也是因为我们没有清晰地设定招聘标准，无法将候选人与岗位标准很好地进行比较。

你会发现，将候选人与准备的标准进行比较才是招聘更有效也更困难的做法。这意味着当你找到一个符合标准的候选人时，即使可能还会有更好的选择出现，你也要向这个人发出录用通知。

第二十一章

如何做背景调查

在发录用通知之前，还需要做背景调查。我们很惊讶居然还有这么多管理者没有这么做。如今，很多公司在信息披露方面都做了很多限制，所以你只有想办法才可能获得想要的信息。现在我们就来告诉你应该怎么做。

我们需要在"我已经准备好要发录用通知了"和"我将要向这个候选人发录用通知"这两种态度之间来做背景调查。当我们进行背景调查时，基本上是在说，"我已经决定好了，现在要做最后一次检查来确保没有遗漏任何东西。"能发现什么的可能性很小，但是再花上一两个小时如果能消除以后可能有的遗憾，这么做还是很有意义的。另外，如果每个人都知道我们会做背景调查，也会降低候选人造假的行为概率。

做背景调查可不是为了证明我们为什么想要录用候选人，而是为了确保，不存在我们自己没有发现的、需要顾虑的内容。

1．用认可或事实性问题开始

在过去的 20 年里，公司变得越来越不愿意配合背景调查。这绝对是对近 25 年来关于诽谤诉讼的过度反应，而且劳动合同法的效力在逐渐衰落。

如果你听到"公司不再提供背景证明"，这在某种程度上是真的。如果你很正式地去问公司，特别是问 HR，你很有可能会碰到一个人滔滔不绝地跟你讲他们公司的相关限制规定。"我们不提供证明人。"这主要是为了避免出现诉讼等问题。即使有这种情况，你记得最后一次听说某人因为背景调查而起诉一家公司诽谤是什么时候？

但仍有一些不了解相关规定的管理者（那些没有把你推去找 HR 的管理者）会回答背景调查的相关问题。**他们甚至可能没有意识到自己在提供背景调查的信息，但仍然会告诉我们一些想知道的事情。**

他们可能知道一些说法，比如"我没有必要配合你"或"我认为我不应该做这事"。但是，还是会有一些方法可以让我们收获一些有质量的信息。

第一条法则就是，用认可或事实性问题开始。可能 HR 部门曾经告诉过你们，又或者是你们自己猜到的："我们可以先确认雇用的日期。"HR 肯定还会告诉大家更多，比如千万不要问什么内容，但大多数管理者都会忽略具体的内容指导。记住，这种情况只发生在那些拥有 HR 部门且对于法律风险很谨慎的公司身上，绝大多数的公司是不会那么小心的。

因此，在做任何向证明人核查信息的工作时，我们都要从事实性问题开始询问，这么做会让管理者或证明人相信，我们并没有想要了解过多的信息。此外，在一开始就要说，"我只有几个问题，需要不超过五分钟的时间"。但是，我们首先要承认一个事实前提，那就是候选人的面试已经进入了最后阶段，我们只是在核实资料。这听起来就像这样：

- "我们公司一直在面试艾莉·辛普森。她表现很好，所以我们想做一个简单的背景调查。"
- "我们一直在面试艾莉·辛普森，现在已经到了最终阶段，所以我们需要做一个背景调查。"

如果我们不告诉证明人面试结果已经基本确定了，或者没有明确表示候选人表现出色，而背景调查的重点不是来调查候选人的弱点或解答我们的顾虑，他们就会担心自己的回答可能会破坏候选人在面试中公平表现的机会。

大多数公司如果真的有背景调查环节，也只会在面试较后的阶段才进行。事实上，还有些公司在背景调查前就会发录用通知，然后注明录用是否生效将根据背景调查的结果来决定。这就使得他们不能向证明人承诺，调查不太可能会影响录用决策。只有当证明人听说录用决策已经做出时，他才更有可能开诚布公。重申一遍，记住我们面试的第一原则:**面试的目的是为了说"不"。**

还有一个关键点：你要告诉证明人，打电话是因为候选人把他们列为证明人。这会让他们认为自己是在帮候选人的忙，而不是在帮你，只是帮忙的方式是通过和你交谈。

2. 请你确认一下雇用的日期好吗

回答第一个问题几乎不用动脑子。而这个问题，即使是态度最强硬的公司也会允许经理们回答。公司允许回答这个问题，是因为这可以让它们有机会监控那些冒充在本公司工作经历的人。

因此，我们必须先问这个问题，以确保验证了所有假设的基础。如果在工作时间上存在明显的差异，在经历了多次面试后，这可能是（至少我们认为是）严重违反道德规范的行为，要拒绝录用。也有例外的情况，日期如果是"捏造的"，而这个错误在前期引导我们做出了对候选人有利的判断，那么犯这个"错误"背后的理由必须要能令人信服。

用这个问题开始提问，也能让所联系的证明人知道，我们是了解他们处境的，我们会在稍后的讨论中帮助他们尽可能避免不舒服，因为我们肯定会问一些他们也许不应该回答的问题。要说清楚的是，我们稍后也在反复强调，我们不能暗示证明人有义务回答任何的问题，如果他们不配合，我们同样不能表现出无礼或粗鲁。我们要做两点假设：（a）证明人回答问题可能受到规定限制，（b）他们仍然愿意帮助把他们列为证明人的候选人。（当你被列为证明人时，难道你不会那么想吗？）

如果你联系的是 HR，不要告诉他们你所了解到的雇用日期。请他们帮忙查一下，这就是验证措施。他们可能会没有相关信息，或者声称他们没有，但即使是在那些执行背景调查限制政策的公司，HR 通常也会愿意帮忙找一下相关记录。

关于 HR，我还要提醒一件事:如果你是在向 HR 了解情况，而且是从一个知名的大公司那里获得了所有问题的反馈，你要么是一个非常好的人际关系建立者，要么是运气好、对方警惕心很弱，要么证明人确实是真的喜欢那个候选人。也可能这三个原因都起了作用。总之，你做得很棒。

如果你联系的不是 HR，而和你对话的管理者无法了解相关记录，你可能需要提示一下日期并等待他确认。虽然无法做到独立验证，但这也没关系。

3. 你能帮我确认一下担任的职务吗

这也是一个简单的事实问题。许多公司会告诉他们的经理，"你"（经理）不能跟他们交谈，但"我们"（HR）可以，这里面有法律风险的考量。公司也会告诉经理们，除了雇用日期，他们——HR——也可以确认担任的职位名称。

在我们的案例中，我们希望了解两方面的答案。首先，我们想了解候选人的实际职位情况。记住，我们还没有发录用通知，时刻在寻找拒绝的理由。遗憾的是，很少有人相信公司会找证明人核对信息，所以经常篡改任职情况。第二，我们希望证明人感觉到我们是在问他/她一些不会引起麻烦的问题。

要明确一点，职位称呼不完全匹配并不是需要引起过分关注的问题。公司内部管理不够清晰，有时会出现一些回旋的余地。我们对于同类职位的称呼所存在的合理差异，能够给出很多细微差异方面的指导。

一般来说，公司的规模越大，工作职位管理越清晰。职位名称关联着具体的职责。

但还是有一些差异应该引起我们的注意：
- **使用经理称呼但不带下属或没有预算权**。这不是结论性的，但"经理"意味着有这两项权利或至少有两者中的一个。是的，我们也知道有些个人职位被称为经理是合法的，他们也没有预算权。对此我们建议表示关注，要注意是否存在着理解差异。
  - 当有人在项目中使用"经理"称呼，而证明人也称他为"团队领导"或"主管"时，这个指南仍然有效。这是一个主观判断，但是"经理"在大多数情况下意味着要承担更多的责任,我们默认专业人士应该理解这种想法是合情合理的。

- **使用总监称呼但不指导下属经理**。总监称呼使用的范围更广泛,定义更加不精确,所以我们的判断可以更加灵活。但是"总监"通常意味着管理着中层人员。同样的,这个判断模式只是预警信号;它本身也许不值得仔细研究。
- **在规模越大、越知名的公司,任职差异的情况越值得关注**。公司越大,对职位头衔的管理就越仔细。任何差异都要引起我们的警觉。

对于以上这些情况,如果公司提供的头衔和候选人提供的存在差异,你将候选人在简历上和面试中的说法告知证明人的做法是合理的。要给证明人一个机会说类似的话,"哦,是的,这里的经理和主管称呼是经常混用的。"这不是一个很好的反馈(不幸的是,你可能还需要评估一下这句话的真实性),但如果这是唯一的差异,我们会建议姑且相信候选人的说法。

这又是一种你不能预先告知证明人、而要先让他开口的情况。在我们想要的验证和被动性的"确认"两者之间,还是有区别的。

4. 请评论一下工作描述的准确性

请注意,我们基本上仍然在谈论事实——关于工作描述。但现在,我们在征求评论意见。问题的核心仍然是善意的,只不过我们是通过征询评论来了解详尽细节。

在这种情况下,我们可以直接阅读求职者简历中的职位描述。(显然,证明人对于这些描述应该会有了解。)我们并不要求证明人精确地复述岗位描述的内容。根据我们的经验,证明人能够理解和配合。

在大多数情况下,证明人会评论说描述基本上是真实的,**但也可能会做一些评论,这在某种程度上可能会帮助到我们。**

如果证明人直到此时仍然表现得守口如瓶,你可以分两个部分来问这个问题,以增加获取更多有意义细节的机会。第一部分问题纯粹是事实性的。

例如,"我们考虑让艾丽做的工作是管理 X 的预算权限,他在工作描述中说,他曾经管理着 Y 的预算。这是合理和准确的吗?"

一旦你有了答案,就很容易扩展到整个工作描述。"让我为你简单读一下他提供的工作描述,并请你简单评论一下。"这往往能让证明人更加开放地跟你聊一些信息。(关于预算权限,如果有除了舍入误差以外的明显差异,那么就值得注意了。)

5. 不断表示感谢来建立融洽的关系

这可能是不言而喻的。如果有人成功地通过了整个面试流程——一个非常艰难的过程——你应该已经发现了他是不是有意并且成功地通过文本信息在误导你。

我们每次得到一个回答,通过口头表达感谢是很容易的。我们希望证明人能够放松。在合理范围内,我们要尽量多地表示感谢,只要不是阿谀奉承,说声谢谢,感谢自己占用了证明人的时间,对于证明人提供的任何超出事实以外的信息都要表达感谢。

6. 然后过渡到更实质性的问题

到目前为止,所有问的问题都能潜在地帮助我们决策,但我们仍然不希望出现大的差异,因为这意味着我们没有能够看出候选人的明显误导意愿。

我们希望通过简单、友好的问题,通过对每次回答都充分表示感谢,来让证明人放宽心,更宽泛地回答一些更实质性的问题。

然而,当我们碰到那些坚持谨慎回答问题的证明人时,在任何时候都不能够表现出沮丧或失望。因为这会破坏我们建立的信任,是不专业的行为。对他们来说,忠实地遵守所得到的任何指示,也是一种得体的行为。我们必须假设证明人表现出的谨慎态度是在遵循一个更高的价值观,这个价值观可能比帮助我们或帮助候选人更加重要。

7. 我听说了 X 项目。你能证实一下他在其中的角色吗？接着问，你能跟我说一下结果吗

这是一个由两部分构成的问题，旨在从事实平稳过渡到征求意见、从表面过渡到实质。在这个实例中，你不必一定是问关于项目的，可以问任何在候选人简历上你们曾经讨论或陈述过的具体事件。这个项目越大/越重要，你越有可能得到一个好的回答，因为证明人会认为你在核实求职者参与其中的角色，而不是在了解他的优缺点。

证明人通常会假定你是在核实求职者已经告诉你的事情结果，不会去想候选人到底告诉了你多少具体细节。这个问题能把对话从事实引向深度讨论。

8. 他最大的贡献是什么

这是在询问关于候选人优势或者重大成就的信息。在这关头上，我们希望对话能从事实验证过渡到证明人分享一些个人见解。

有部分证明人可能仍然在坚持组织纪律。如果是这样的话，即使你很清楚自己不会得到一个好的答案，问这个问题也不会有错……还有，谁知道会发生什么呢？也许，她会突然想起自己被选中做证明人十分荣幸，所以她应该帮助候选人。但是通常情况下，到了这一步，证明人都是愿意开诚布公的。

9. 你认为他需要改进的地方是什么

这个问题必须放在关于优势和最大贡献的问题之后，因为它们经常在面试中成对出现。在大多数情况下，即使面对那些具备法律意识的管理者，我们这里叙述的方法也是很有效的。你会获取一些新的信息，尽管分享它们可能"违反了规则"。

但这并不是说，你就一定会收获负面的信息：如果你是一个很好的面试官，遵循了专业的流程，就不太可能会在此时收获一些黑历史。但是，我们毫不隐瞒自己的目的还是为了说"不"，事实上，你确实可能会获得需要关注的信息，这也证明了我们在这方面的努力是有价值的。

10. 我们希望他担任_____角色。你会怎么评价他是否合适

一旦证明人放松到足以回答前面的问题，这个问题会要求他直接运用自己的智慧和洞察力帮助你"评估"某件事。很少有人能在这个阶段抵制对自我的召唤。一旦他们戴上了"评估帽"，就不可能做完全积极正面的评价。

负面消息是我们所希望听到的。我们不奢望听到任何爆炸性的信息，但如果会听到四五次相似的消极信息，而这些又正是职位角色所需要的特长，那么可能就足以让我们暂停录用。

11. 如果你是我/我们，对雇用他/她会有什么顾虑吗

我一直希望所联系的任何一个证明人能把求职者在前阶段面试过程中提到的所有负面信息都捅出来，然后说："不用理我的想法，如果你不录用他，就是个傻瓜。"但是一旦你要求证明人对前一个问题进行评估，就不必对证明人竟然成了我们在招聘中所说的"愚蠢的诚实者"而感到惊讶：如果孤立看待，说一些真实的话确实会造成损害。

那些亲自进行背景调查的管理者会做得越来越好，学到什么方法是有效的、什么是无效的。最好能建立一个自己的标准话术和方法。这样的话，随着时间和经验积累，就能不断完善方法，获得更好的结果。

第二十二章

如何录用候选人

终于找到了适合录用的候选人,那就让我们继续按照流程,写一个容易被他们接受的录用通知。会有各种可能,让我们在最后关头一事无成,所以我们要聪明、妥善地处理,最终才能雇到有多个职位机会选择的最佳候选人。

有一些管理者并不知道,有时HR会想成为负责发通知的人。HR通常会有一些招聘考核指标,是关于发出录用通知的数量及接受录用的人数比例。许多管理者往往错误地将录用权力转交给HR,其实这完全没有必要。

让HR来发录用通知是管理者在录用阶段犯的最大错误。在这个关键时刻,把剩下的最后一步交到别人手里,并不是一个好主意。它根本就毫无意义。

永远不要把这件事交给HR部门去做。如果HR正在负责录用通知的相关工作,那是因为在你之前有人做了错误的分工。虽然有一些律师认为这样做会更好。但律师才不会管理你的公司,也不是HR在管理你的公司,做这事的是管理者。不要将影响公司成长的重要步骤——提高公司人才素质——假手于律师或HR。

我们并不是在抵制HR的工作。许多HR经理在这方面做得不错,比管理者要好。但这并不意味着管理者就不能自己学着该怎么做。

试想一下,你将发放录用通知的事务移交给了HR,然后HR告诉你,"嗯,候选人看上去似乎很感兴趣,但我不明白他为什么会拒绝你的邀请。"如果原因是HR不知道应该写上详细的录用信息呢?如果是因为他们不熟悉你的专业领域、把事情搞砸了呢?作为招聘的负责人,这是一个微妙的时刻。

即使让 HR 发录用通知是公司政策，你仍然要想办法先发出消息。是的，你没看错。告诉候选人你将会让 HR 部门稍后打电话联系他，作为流程的一部分，HR 会"正式地"通知他并探讨具体的细节，让他从 HR 那里正式地接收通知。

在你发出"早期通知"后，打电话告诉 HR 部门你已经准备好让他们打电话通知候选人。告诉他们你已经"搞定"了候选人，她已经准备接受邀请了。

做些准备工作

这对于每个公司来说，当然是不同的——所以 HR 会经常参与进来。首先询问一下 HR 部门，录用通知的构成信息有哪些，问一下你所招聘岗位的福利信息。

不要在录用通知上仅仅写上薪水和截止日期。**你要了解医疗、牙科、保险、休假、弹性福利、养老金和奖金等关键信息**。慢慢来，做准备工作的时候要记得记笔记，因为你想要在和候选人沟通时表现得掌握全盘信息并充满自信。你需要知道的内容肯定比一张洗衣清单更长，但你还不至于需要细致到了解每个月的免赔额。你只需要知道应该找谁咨询关于福利和报酬的问题。

考虑录用条件中可以加码的内容

当你准备清单的时候，看看是否还有你想要并且能够增加的部分。通常允许有灵活性的内容是对豁免员工[①]的假期安排，你可以增加一些……许多管理者出于各种原因会给自己的团队成员提供额外的休假时间。为什么不告诉他们可以多休息一周呢？必要的时候，休假时间还可以灵活安排。

根据你公司的情况，可能还会有一些其他福利。当你做准备的时候，把它们都了解一遍。

---

① 美国法律规定的可调休加班而不支付加班费的一类员工。——译者注

第二十二章 如何录用候选人

一旦准备好了,你就可以发出录用通知

我们不知道为什么会有管理者在这件事上拖拖拉拉。很多人都遭受过延迟录用的待遇。**不要这样对待你的候选人!做出你的决定,做好准备工作(如果你还没有做的话),然后"打电话"通知候选人。**(会有例外情况,我们稍后讨论。)

如果可以的话,尽量用座机。收拾干净你的桌子,关掉你的手机,关闭电脑显示器。如果可以的话,最好在早上通知——这样既能给候选人一些额外的时间,也会让你听上去状态更好,又能让你在当天剩下的时间里感觉良好,而不是回家后揣测候选人会做出什么样的决定。

此外,她有可能会马上接受邀请。这样的话,你当天就可以继续采取行动。或者,如果她拒绝了,你当天也可以马上就采取一些补救措施。

不要等着用书面形式发出邀请

口头发出你的录用通知。这样速度更快,也更个性化,而且能更快地得知候选人的决定。

你的公司可能会坚持写一封书面的录用通知信。有人甚至可能会说"没有什么是官方的",必须等到通知书签字并回寄过来。那也没问题,你仍然可以先获得候选人的口头承诺,并立即开始准备入职流程。候选人口头接受但很快书面拒绝的可能性很小,所以你不会浪费太多精力。更重要的是,你很有可能与即将为你工作的候选人立刻强化了人际关系。

留语音邮件是可以的

我们不知道是谁率先提出了,通过语音邮件留言来发录用通知不是个好主意。但滑稽的是它的告知方式而不是邮件本身:告诉某人给你回电话,但不告诉他原因。留言过了三天，候选人一直不知道等待他的是好消息还是坏消息，可能他也会做一些假设。根据我们的经验，绝大多数候选人会认为这是负面消息。然后却听到管理者说"我有个好消息"，候选人直到现在才有点"知道"，但又开始担心具体细节。这太疯狂了。

将录用信息留在语音信箱或留言机上。这样做的时候，记得要准备好你的笔记。

保持乐观；不要忘记表扬和祝贺

对于大多数经理来说，他们丧失了一个巨大机会。要利用好这个时点，花一点时间来做关系营销。谈谈候选人与目标岗位是如何的匹配；说说你多么想雇用候选人；告诉他，你的标准是多么高，符合要求有多么困难；谈一些他在面试中做的事情；谈论一下他的工作成就，赞美他。

有些人担心，这样做可能会让候选人认为他们应该获得更高的报酬，但我们的经验表明，并不会如此。候选人希望被录用，他们愿意被需要。

录用通知的五个组成部分

录用通知有五个组成部分：要约、职位、报酬、开始日期和截止答复日期。

要约

你在第一句中就要用"要约"这个词。不要说"你想录用"，应该说，"我很高兴能给你发录用通知。"

职位

告诉候选人你提供的职位。这通常是双方已经知道的，但有时公司会根据候选人的面试情况，提供新职位，或者存在候选人同时被多个岗位进行考察的情况。

通常，职位要包括工作地点。这通常也是提前获知的，但说清楚会是一件好事。

薪酬

薪酬包括基本工资和激励奖金，以及与职位相关的福利。管理者经常会在发通知的时候，忘记提及假期/假日/带薪休假（PTO）。

这些项目中的一些内容可能看起来会很简陋。我们一向不鼓励你提供具体的细节。你给候选人提问的空间越小，他们考虑录用条件时所可能产生的疑虑也就越少，就越容易接受你的条件。

开始日期

告诉候选人你希望他最早开工的时间，并告诉他如果有问题，你愿意与他协商。如果有"不晚于"的日期，也请写上。

截止答复日期

录用通知还要包括候选人做出决定的最后期限。一般来说，我们建议发出录用通知后给候选人一周时间进行考虑，因为一周几乎总会包括一个周末。如果你是星期二发通知，你可以要求以下星期一为最后期限。如果你在周五提出要约，你可以要求候选人最晚到下周五做出决定。除非特殊情况，请至少允许候选人有一个周末的时间来考虑。

如果你没有给出最后期限，你的候选人就没有义务答复。这意味着，如果你的录用通知没有截止日期，那么在第一个候选人拒绝你之前，你就不能再邀请另一位候选人入职。对于你和你的公司来说，这将会导致一个紊乱不堪的局面。

如果候选人没有在截止日期前同意入职，理论上来说要约就会过期。从逻辑上来看，如果你没有收到候选人的答复消息，你不需要做任何事情。但是既然你已经做了这么多的筛选工作，候选人也达到了很高的要求标准，我们还是建议你在截止日期的前一天联系你的候选人（在你一直保持的任何其他交流之外）评估他的想法。

是的，从专业角度来说，候选人直到最后一刻才答复你，是有点不礼貌的。但在最后期限到来之前，这个要约的决定权归他们，而另一种选择（没有设最后期限）的情况会更糟糕。

大家要明确一点，录用要约中有一个概念，录用通知（要约）不仅仅指它的组成部分。要约的意思是，控制权被移交给候选人。当你在做录用决策的过程中，请记住这一点。

最后，为一名候选人延长最后期限也是合理的行为。在大多数情况下，再给一周的考虑时间已经是极限了。如果候选人在过程中一直不联系你，直到截止日期前的最后一分钟才要求宽限时间，那么少宽限他几天也不是不合理。正如我们很快将要讨论的，在此期间你要和这个人保持交流，这能有效地减少不确定情况的发生。

最后，如果你对候选人的评价有所改变，你也可以撤销要约。但这必须是基于一些相当重要的原因，而且是确实发生的原因。如果候选人的行为发生了显著变化，考虑撤销录用通知虽是痛苦的决定，但可能也是必要的。

不论何种场景，请牢记你才是招聘经理，你是要招一个人来跟你的团队一起工作。不要让 HR 控制你的节奏，或让他们用一些不清楚来源的"公司政策"来决定你的时间安排。

催促尽快接受

不要害怕对候选人提出要求，让他们马上接受你的条件。说清楚他们不是必须要这么做，不要逼迫他们。但如果他们这样做的话，这将会是建立良好关系的开端。让他们试想一下，如果你能在群组短信中告诉你的团队成员，你的提议当场就被接受了，而这离召开面试意见汇总大会还不到一个小时，（将会是何种令人振奋的消息）。

把这些信息都放在一起——听起来就是这样的：

第二十二章 如何录用候选人

"马特，我很高兴打电话给你，我们想录用你。我希望你能来为管理者工具箱公司工作。我们很难找到符合我们标准的求职者，所以当我们发现你时，渴望你加入我们。我们关于新产品的讨论完全点燃了我的热情。

"职位就像我们已经讨论过的那样，担任助理教练。基本报酬是 80,000 美元，奖金是分红形式的，佣金高达基数的 40%。就像我们讨论的那样，你可以住在任何地方。我们的日程安排相当灵活，你可以享受没有限制的假期、病假和事假。如果你决定接受公司的邀请，我们现在就可以马上定下来。医保和牙科待遇就跟我们讨论过的一样。如果你还有任何问题，我们都会答复你。我的手机号码是：＿＿＿。办公室电话是＿＿＿。我的家庭电话是＿＿＿。

"我希望下星期一 27 日之前得到你的答复。如果你准备好的话，我也非常希望你现在就能接受我们的邀请。你会同意吗？"

让候选人能联系到你解答问题

你会惊讶的是，竟然会有那么多人认为现在是时候离开、让候选人/受要约人单独做决定了。这太愚蠢了。你应该惦记着如何能够影响候选人的选择，因为她在政府机关工作的妹夫可能也在想着要影响她的决定，而他对你提供的工作机会**一无所知**。事实上，更糟的是，他**自认为**知道很多内幕，还想着要告诉她。

把你的手机号码告诉候选人，并承诺只要候选人方便，你会随时接听电话。

让 HR 与候选人保持联系

当然，也要让 HR 与候选人维持联系。把候选人的名字还有电话号码和电子邮件地址告诉他们。告诉你的 HRBP 要主动接触被录用的候选人，让他们能更轻松地提问。

但也要确保候选人明白，你才是主要的联系人。你可以这样说："如果你有任何问题，请打电话给我。如果是和福利或人力资源相关的内容，如果我也不知道答案的话，我会找到合适的人来帮助你。"

不要把所有福利的问题都移交给 HR。他们不会拥有跟你一样的紧迫感，你必须时刻把握候选人的想法和动机。

稳住其他的候选人

在第二十四章中会有详细介绍。

每隔三天打一次电话，了解最新情况

你可能只需要做一次，或者两次，但是千万不要让联络淡下来。拿起电话问候一下，"有什么问题吗？我迫切希望你能早日开始工作，并希望你能做一个好决定。"

第二十三章

如何拒绝候选人

对于我们不打算聘用的候选人,招聘还有最后一个环节:要么把我们不录用的决定告诉他们,要么让他们处于沮丧的边缘,不知道自己状况如何。以下是正确的做法。

你有义务及时通知候选人"你没有被录用"

就像许多管理建议一样,应该问问,如果我们处于流程的信息接收端,会希望受到怎样的对待?

我们认识的每个人都会说同样的话:如果你不打算录用我,请尽可能早点让我知道。求职者都会说,如果公司还会考虑自己,他们想继续留着竞争。但是如果他们不可能被录用,如果他们出局了,他们想马上知道。继续惦记着你们公司的机会,对他们没有任何好处。候选人需要自由,能考虑其他公司的机会。

所以,标准很简单。当我们知道自己不会给候选人机会的时候,就有义务尽快通知他。尽可能越快越好。我们认为招聘经理应该在**做决定**的当天就打那个电话。

你可以在得到确定答复之后,再通知被拒绝的候选人

假设有两个(或更多)候选人都表现出色,被列入考虑的范围,而你决

定录用候选人甲。但仅仅因为你打算给候选人甲发录用通知，并不意味着你必须马上拒绝候选人乙。

这种情况与我们的第一条原则并不矛盾，因为我们还没有决定完全排除候选人乙。仅仅因为我们决定录用候选人甲，并不表示我们就再也不会给乙发录用通知。如果候选人甲拒绝了我们的邀请，我们还是可以再回过来选择候选人乙的。所以我们这时候还不算排除了乙。

一旦甲接受了录用邀请，你的下一个电话必须要打给乙。但是，如果不到那一刻，如果乙还在考虑范围内，你就可以再等等。

你可以在决定发录用通知前就排除一些候选人

撇开这个例子不谈，我们当然不必等到某个候选人同意入职后再来拒绝其他候选人。记住，我们不是要从面试对象里选出最佳的候选人。面试是为了确定是否有人符合我们的工作标准。除非有不止一位候选人"在及格线以上"，我们才继续考虑该"选择"谁。

所以，如果一个候选人没有达到岗位要求——也要记住，面试的目的是为了排除人选，而不是为了要找理由来说服自己应该雇用某个人——我们应该迅速拒绝她。**不用等到整个过程结束，再来告诉候选人她被淘汰了。当我们知道自己不会考虑某个人的时候，就应该告诉她。**

当你通知他们的时候，要简单直接

这也是许多管理者可能会做错的地方。第一个最大的错误是管理者从没想过要通知他们，把候选人晾在了"地狱的边缘"。仅仅因为你曾经有过类似的遭遇，并不意味着这就是正确的方法。正因为你曾经讨厌被如此对待，所以不要将这个错误重复到别人身上。

在你做出决定后，请迅速打个电话。对，你必须得打电话。你既不能通过电子邮件来拒绝候选人，也不能用短信、即时消息、直送消息、脸书帖子或其他媒体来做这件事。这里有几个例子来说明该如何表达：

第二十三章 如何拒绝候选人

罗伯托，我打电话是想让你知道我们不会录用你。我很喜欢我们之间交流的很多内容，但是我们决定选另一个更适合的候选人。我知道这不是个好消息，但我也知道你肯定希望我能尽早地通知你。我祝你在找工作的过程中以及将来的发展一切都顺利。

卡米尔，我是马克·霍斯特曼。我打电话来通知你一个不幸的坏消息。我们决定不录用你，因为你目前不适合我们公司。我祝你在求职中一切顺利，并希望你能找到一个好归宿。

你会注意到这两个电话都没有在闲聊。**通话中不要进行简短的闲聊**。如果你觉得一定要先打个招呼，最多也就这样说：

罗伯特，你好吗？……我也很好，谢谢。我打电话过来是想让你知道一个不好的消息……

卡米尔，我是马克·霍斯特曼。你好吗？……我很好，谢谢。我是来告诉你一个不怎么好的消息……

大多数候选人一听到是你来的电话，就会期待新消息。这会让他们紧张。如果你这时候还强硬地要再来做几次互动对话，气氛就会变得沉重、弥漫着不幸的预兆。当你打电话去拒绝候选人的时候，他们会认为你是在害怕，所以才用闲聊来避免直接说他们出局了。这更会让很多人觉得你对自己的决定不够自信，正对此感到内疚。不要把事情弄得更糟了。如果可以的话，要完全避免闲聊。

因为找工作在某种意义上是很紧急的，所以你可以用语音信箱给候选人留言。你要意识到这是你第一次试着给还不知道结果的候选人留言。当你知道结果是什么而又不想让他们从留言中知道。"嘿，罗伯特，我是迈克·奥泽恩。请给我回电话。"这种类似操作会把问题搞得很复杂。如果你跟候选人继续来来往往交换几次语音邮件，情况就会变得更糟糕。你已经知道他被淘汰了，但他自己还不知道。你会在他给你回复的信息中听出来他变得越来越焦虑和沮丧，这样做的结局通常会很糟糕。

有许多人认为在语音信箱留言是冷冰冰或者是无情的,我们不同意这种观点。求职有其内在的紧迫性。但是用比较人性化的对话方式,能够减缓被拒绝的刺痛,而冷冰冰的短信或电子邮件则做不到这一点——更不用提我们的短信和邮件往往用的是格式化模板了。

语音信箱的留言听起来可以是这样的:

帕特丽夏,我打电话是想让你知道我们不会录用你。我知道从语音信箱里听到这个结果,你会很难受。但我想,打电话或者发邮件,可能你还不一定能马上收到,还不如尽快把信息告诉你。你有很多很好的特质,但不幸的是,你现在的情况还不适合我们公司。我祝你在求职过程中一切顺利。

如果你没有留下回电号码,或者没有明确表示让候选人回电,通常大家会认为,你就不需要或不想要对方回电了。但如果你愿意提供反馈——我们后面也会谈到——那就留一个回电号码或者明确建议这个人回电。

如果那人确实回电了,把第一个电话转到语音信箱,这能让你有机会评估候选人对拒绝的反应。如果这个人的态度表现出了尊重和感激,礼貌地要求获得你愿意给予的反馈信息,或者只是想当面对你说谢谢,那就随时回个电话。如果留言信息显示你不太可能跟这个人好好进行交谈,你也没有义务必须回电话。

[我们知道语音邮件还有一种情况,某人看到是你的留言,就放给其他人一起听,因为他们希望能听到好消息,并与人分享。如果你认为造成失礼局面是打电话的人的责任,那你的想法很可笑。因为所有语音邮件都应该默认为是供私人阅读的,这并不构成不能留言的理由。]

你可以提供反馈,但你不是必须要这样做

通常情况下,并没有要求招聘官一定要向候选人反馈他们表现如何或者

第二十三章 如何拒绝候选人

为什么不雇用他们。这背后有很好的理由。许多经验丰富的经理会告诉你,他们已经尝试过无数次了,甚至收到了诸多怀疑和辩解认为招聘经理做了错误的决定,候选人确实有那个能耐。或者候选人会说,事实并非如此,是你理解错了。不管怎么说,提供反馈是个愚蠢的想法。

如果你不想提供任何反馈,但候选人问你,你可以简单地回应:

不巧的是,这不是我做的决定。招聘是一个艰难的选择过程。选择通常很微妙。候选人之间的区别主要是在能力等级方面,而能力等级的差别通常很小。这不是评价一个人好而另一个人不好那么简单。所以我发现,要很好地传达这些区别,实际上是不可能的。你有很多好的特质,只是我们觉得目前还不合适。

通常,他们会被这个答案呛得沉默不语。

但是,我们认为在某些情况下,如果你足够信任一位候选人,还是可以为他提供一些意见。

以下是我们的指南:

你可以说,"你没有表现出……"这个短语既简单又有效。你不是一定要说"表现出"。还有一些其他的说法也是可以的。比如:

- "鲍勃,很不幸,你并没有展示出高效的演讲技能。但我并不是说你没有这个能力或者你以后就不能在这方面进行提升了。"
- "你没有表现出你已经掌握了高绩效所必要的分析工具。"("掌握"是一个经常在面试和评论中用到的词。)
- "在你的面试中,我们没有发现足够的证据来说明你具备了战略思考的能力。"
- "你没有展示出营销规划的必备技能,而这是我们所必需的。"

我们所说的观点必须是谨慎的。只能说一些必要的技能、行为或能力**没有以某种方式展现出来**,只是在陈述所发生的事情。**我们不能说候选人不具备一些东西,只能说他没有表现出来。**当我们说"表现出"的时候,意思是

"你没有说或做","表现出"是指展示、陈述或表达。

支持行为面试理念和公正的绩效沟通的人都会认可"**表现出技能、能力或行为**"这一标准。展现行为体系的一个美妙之处在于,它保护了我们所有人免受标准体系不清晰的伤害。这种不清晰的标准体系会有意抵制精确的描述,往往会支持那些基于人的内在特征所进行的不恰当或不道德的评价。如果一个标准不能用正反两种行为来描述和定义,它就会被用来剥夺高绩效者的发展机会,因为那些特质超出了他们的能力范围,或者只存在于评估者的头脑中。

这些评论并不代表着候选人缺乏潜力,它们也不是针对个人的攻击。有太多的方式可以谈论一个人既笨拙又低效,不符合公司标准。

例如:
- "你就是没有这个能力。"
- "我不认为你适合这份工作。"
- "我没有在你身上看到这个特质。"
- "你可能不是这份工作的合适人选。"
- "我觉得你的能力还不够。"

这些都是本质上错误和傲慢的表述。更重要的是,它们说的是关于一个人目前或其未来的能力特征。我们靠一次面试就评价一个人,或忽视他的潜力,这种做法本身就是傲慢的。

许多经理都这样说。当你有权选择将雇用谁的时候,很容易感到自己很强大。当你能决定谁将获得最多加薪的时候,也很容易感到自己很强大。但高效的管理者会在这些时点上表现得很谦卑,并只从专业的范畴内评论候选人表现出来的行为。

不要去评判人。我们比较的是他们展示的技能和组织预设的岗位标准。最佳的交流而不评判人的方式是,坚持只评价行为以及候选人所展现出的内容。

这是做这件事的正确方法,既简单又专业。我们应该按照自己愿意被对待的方式来对待被拒绝的候选人。

第二十四章

如果有两位合格候选人，我们应该怎么办

我们该如何在两位合格的候选人之中进行选择？如果我们同时找到了两位愿意雇用的候选人，他们的能力也都"高于标准"，我们该如何处理呢？

亲自与两位候选人直接联系

作为招聘经理，我们必须在这个节点保持与候选人的直接沟通。有太多的管理者将部分与受要约人/候选人的沟通工作外包给了别人。我们往往会与最优秀的那名候选人亲自沟通，但没有定期与HR沟通关于第二名候选人的状况，导致对形势的判断产生误差。

发录用通知和结束招聘的环节是不应该外包的。让其他人来帮你沟通所带来的那点效率价值，远远比不上可能造成的候选人流失所带来的损失，而这仅仅是因为我们没有自己直接联系候选人。HR永远不可能像你自己一样理解你的需求，或者你的节奏。他们总是会给候选人太长的反馈时间。时间变长了，而价值变低了，那是没有意义的。

不要让别人来替代你做沟通，否则可能要么（a）他忘了告诉你这件事，要么（b）只是为你描述了一些重点。这种特征性描述会遗漏一些微妙的沟通细节，而这些细节只有你亲自参与才可能观察到，因为没有人能理解你的处境或像你一样了解候选人。

我们要亲自和所有的候选人交谈。如果我们拒绝某个人，要亲自告诉他。如果一位候选人仍然悬而未决，我们也要亲自告诉她。如果候选人有问题，

我们也很乐意亲自接这些电话。如果 HR 回答错了，你很可能就因此失去了某位候选人。

立即向两人都传达说，结论仍悬而未决

我们已经完成了面试过程，并收集了面试结果汇总会议的意见。如果发现有两位候选人都符合我们的总体要求，这意味着我们可以选择雇用他们中的任何一位。

现在该怎么办呢？在我们打电话通知没有通过的候选人之前，我们必须先尽快通知那些仍然幸存的候选人。

我们必须表明结论仍在考虑中，而他们仍然在选择范围内。 已经有其他一些候选人被排除在外了，但由于他们的出色表现，要做这样的决定需要再花些时间。

听起来应该是这样的：

罗伯托，你的面试给我们留下了深刻印象。我打电话来是为了告诉你，你获得了强烈推荐，我们正试图做出决定。一些候选人已经被淘汰了，但你仍然在考虑范围内。有时，我们可能会需要几天的时间，来把所有的细节问题考虑清楚，但我会在接下来几天里跟你保持联系，告知最新进展。恭喜你的出色表现。

请注意，这段说法要同时说给剩余的两个候选人听。这不是我们对"最佳"候选人的陈述，因为我们还没有决定谁才是最佳人选。现在，我们只是保持一种开放态度，像大多数公司一样，为候选人提供更多的反馈。

这是另一个例子：

克莱尔，我打电话是想告诉你一个最新的好消息。你在面试中表现得很好，你还在考虑名单中。我们已经淘汰了一些候选人，但我们仍然对你很感

第二十四章 如果有两位合格候选人，我们应该怎么办

兴趣。有时，做出最终决定需要花上几天的时间，我不想让你的心一直悬着。只要我知道更多新消息，我会再次联系你。

还要注意，这里**没有**做出决定的是"应该录用谁"。而在**及时沟通中，不要谈论你的决定**，这样你就可以避免因为被问到"谁才是你的第一选择"而感到尴尬。我相信你也不愿意分享这类信息。

请不要错误地认为，解决方法是快速与你的最佳候选人进行联系，希望他也能迅速做出决定；同时却放弃联系其他的合格候选人，因为你不知道该说些什么。太多的管理者把自己身上曾经发生过的错误经历复制用于当前的局面：跟其他合格候选人几乎不沟通。这也是所有人都讨厌这个流程的一个原因——因为错误的原因，按照错误的方法来行事。

此后不久，向最佳候选人发录用通知

一旦我们做出决定，就马上要给得分第一名的候选人发录用通知。当有多个合格候选人的时候，我们必须马上行动。在这种情况下，我们要在72个小时内必须在两个候选人之间做出决定。

坦率地说，除非你想问更多的信息——照理说你应该已经掌握了所有需要的信息。我们建议大家坐下来，马上做决定。如果你愿意，你可以用一个晚上就做决定。没有两个候选人是完全势均力敌的，根据我们的经验，你的拖延症很可能只是表明你对发录用通知缺乏兴趣，而不是对从两个人中挑出一个感到为难。

给最佳候选人一个比较短的答复截止日期

请记住，每个录用通知都要有一个截止日期。

在这种情况下，我们建议：**如果你当天发出录用通知，然后从这天开始往后推4天的下午5点前必须要求给答复。如果最后一天碰巧是周末，那就顺延到下星期一的早上8点。**

如果你是周一发通知，即使是周一下午 4 点发出的，那么最后期限应该是周四下午 5 点。如果你是在周二发的通知，截止日期就是周五下午 5 点。如果你是在周三或周四发通知，截止日期是下周一早上 8 点，如果你在周五发通知，截止日期就是下周一下午 5 点。

我们发现，这些截止日期设置并不会被等待中的候选人所误解。而其他招聘公司因为历史原因而反馈缓慢、缺乏清楚的流程和清晰的沟通等，实际上是在帮助我们获得优秀的候选人。因为我们备选的候选人会自行考虑这种拖延通知的合理性，而不会想到自己是"更好候选人的备胎"。

每 72 小时与你的第二顺位候选人沟通一次

就像我们与打算录用的候选人所保持的交流一样，每隔 72 个小时就要联系他们一次。对于第二候选人，我们也要这么做。过了 72 个小时，候选人就会产生很多积极的和消极的联想，而仅仅通过保持联系就能够轻松地用公司的印象占据候选人的心智。

听起来可能是这样的：

塞德里克，我只是想让你知道我们还在努力做决定。我们认为很快就能答复你了。我认为这会在……（插入一个给上一顺位候选人答复截止日期后的具体一天）之前。很抱歉耽搁了。

仅允许 1~2 天期限延长

我们不太喜欢让候选人延长最后期限。**拒绝**这样的请求是完全合理的。如果你觉得候选人的请求有合理的理由，也可以批准，但仅限一天。在特殊情况下，最多给两天。

但是请记住：候选人想要推迟的主要理由是不确定自己是否适合……同时希望等待另一个录用通知。不要认为你的录用邀请会是候选人唯一考虑的选项。

第二十四章 如果有两位合格候选人，我们应该怎么办

如果第一候选人接受了，那就拒绝第二候选人

如果你的第一候选人接受了录用条件，谢天谢地。请马上给你的第二候选人打电话，拒绝他，用第二十三章所说的方法。事实上，我们之前一直吊住这个候选人，因为他/她希望被录用。这就意味着，一旦我们知道自己不会再录用他们，就有义务马上告知他们。

如果第一候选人拒绝了，请给第二候选人发通知

如果第一候选人拒绝了或者没有在截止日期前答复你，那就赶快给第二候选人发通知。不要提到第一候选人和对他的邀请，就像发正常录用通知一样，因为那都是公司的隐私。

除了遵循我们推荐的正常录用流程，还可以这样说："艾丽，很高兴能给你打电话发录用通知。有时候这些事情需要花些时间，我为拖到现在才做决定而表示道歉。我想让你知道我们有多兴奋，我们满怀希望，你能够决定加入我们的团队。"

也许这一切看起来很简单，在某种程度上也确实如此。但是，我们看到过在太多的案例中，管理者对这个问题处理得很不好，比如给出的截止答复日期太短、没有跟第二候选人保持好联系等。把这件事情做好是很值得的，毕竟为了找到这两个合格的候选人，我们前期花了大量的时间和精力。

第六部分

入职管理

第二十五章

新员工入职管理

干得不错！你设定了很高的招聘标准，精心准备面试题目、认真筛选和面试，发现有人达到了你的标准，所以你决定录用他。我们希望你的录用通知能够被候选人接受。走到了这一步，你是不是开始感觉不一样了？毕竟做了这么多的工作，过程中可能很痛苦、甚至让人沮丧，但现在命运已经不再掌控在我们自己手里了。

如果你产生这种感觉，就说明你要开始进入管理者工具箱的入职流程了。

你可能会感到惊讶，我们竟然这么早就已经开始谈论入职了。大多数公司会认为，入职是新员工上班以后的事情，诸如行政、人事手续和安保等。

但是这种认识在策略上是有缺陷的（当然也是效率低、效果差的）。原因如下：如果你要像大多数公司做的那样去雇用一个人，先是面试流程，然后，如果有人接受了，一直到他们开始来报到上班才开始正式考虑入职流程。这样的话，流程就被分为了两个完全不同的阶段，候选人正式上班前和上班后。

这种方法之所以盛行，是因为确实曾经有过这么一段时间，**公司是能够完全掌控所有事情发展的**。另外，大部分的招聘和入职指南都没有提到在发通知和正式报到之间的这段时间该如何进行管理，那是因为它们无法控制这段期间事情的发展趋势。

但我们有一个更好的角度来思考和进行入职管理。

从概念上看，雇用一个人实际上就是为了保证公司运作的连续性。公司为了完成其服务社会的使命，需要有些事情能够被适时完成。那么，抽象地说，满足公司对工作的需求是更大的连续性过程的一部分：让那些没有被完成的工作由新的人来继续完成。

我们大多数人认为，招聘过程（主要是面试）实际上只是组织连续性过程的一部分。

但我们现在只考虑招聘和入职，那是因为我们能够控制这些内容。而更具战略性的想法是，将所有这些工作都视作组织连续性发展的一部分。如果我们能够这么想，那我们所做的一切就是要尽量减少工作没有被完成的断档时间。

这就是说，即使在我们无法控制的情况下也要试着承担责任：在我们发录用通知之后，在候选人同意入职之后，一直到正式开始上班。要做到这一点的最好方法就是要先放弃把入职等同于行政管理事务的想法。

入职管理是组织连续性的一部分，我们在找到了合适的人选以后，要尽量缩短他完全发挥出绩效的过渡期。 如果怀着这种持续的心态，我们的努力只有两个阶段：找到合适的人，并让这个人发挥效用。

有了这种连续性的思维，当我们发录用通知时，就不会"停止工作""开始等待"。新思维时刻提醒我们，现在我们的工作重心应该从寻找合适的人转变为最大限度地提高他的效用。

这才是入职管理。接下来我们来说说该怎么做。

入职阶段

这是一个整体的过程，但作为受要约人/新雇员会经历不同的阶段重点。入职管理可能会持续九个月，也可能只有三个月。不管多长，总可以分为五个阶段：确定、欢迎、准备、管理、辅导。

相对面试来说，每个公司入职管理的个性化程度更高，我们无法给出适用90%的场景、90%管理者的精确建议。不过，大多数经理能根据他们的经验写出一份相当有用的任务清单，包括发电子邮件要求其他同事及时给予帮助、人力资源管理、信息技术权限、安全保障、财务会计及其他一些内容。

在介绍了一些指导原则之后，我们也会给出一份管理者工具箱的入职任务检查清单，供我们的注册用户使用。即使你没有注册和购买授权，以下内容也能给你一个基本的模板来构建自己的个性化清单。

确定

首先，我们要让候选人能够同意入职。我们必须通过和他沟通，引导他接受我们的录用邀请。我们需要保持定期交流，也可能让团队中的很多人一起参与进来。最多不超过三天，我们就要和目标候选人联系一次。我们还必须对他们的请求和询问进行迅速反馈，安排他与其他人的交流机会。

我们沟通得越频繁，他们进入状态的时间就会越短，我们越有可能与他建立牢固的关系，而当问题出现时，我们也越有能力做出预判。

欢迎

一旦候选人同意入职，我们就要欢迎他们。保证有多人能够跟他接触并保持着定期联系，直到他正式入职。你可以安排一次实地考察，或者是帮他一起找房子，甚至是分享一些工作内容。

准备

当我们欢迎他们的时候（但主要是在这之后），要为他们第一天的工作做尽可能充分的**准备**。可能有些行政工作是可以提前完成的，同样，也经常会有一些可以提前共享的工作内容，或者至少提前告诉他目前工作的进展。很多人会经常担心安全问题，但不要以为安全就是要禁止交流任何工作状态和项目进度。

有太多的管理者会认为，如果候选人只是同意入职而还没有开始正式上班，那就没有什么可以跟他分享的内容。这种把候选人拒之门外、无法让他们提前开始进入状态的想法需要纠正了。不要一听到有人说，"我不确定你能这样做"就认为是一种禁令。对许多管理者来说，这恰恰可能是一种鼓励性的说法，如果你能把工作转发到自己的私人电子邮件地址（因为你不是中情局或摩萨德的特工人员），你就同样可以通过电子邮件把内容分享给别人。

管理

这事可能要在正式工作日期前的几天才开始启动，也可能是入职后的一段时间才启动。大多数经理认为管理是在解决入职的一些事务和流程。这当然很重要——你不可能在没有获得权限、填完一些表格的情况下，就开始工作。而如果你不工作，就没有收入。所以，管理是必要的。但这还远远不够。

辅导

最后一个阶段，有时候会与管理重叠，那就是"辅导"。辅导是指让对方了解入职时需要掌握的重要内容。它实际上可以在管理之前就开始，从某些方面来说，它是新员工正式工作后一段时间内的主要焦点。当然，更早地交代一些事情——甚至早到面试的时候就进行——对早日发挥新员工绩效是很有帮助的。

辅导包括提高新员工绩效的活动。我们假设大部分管理工作已经完成，新员工已经拥有完整的工作能力和权限。辅导是为了让新员工和所有支持人员融为一体。作为管理者，"让新来的员工快速发挥作用"是你的一项工作。

纪律让学习变得可能

这种管理原则并不仅局限于入职管理，但在这方面特别有效。因为入职管理可能是偶发的（这也是为什么我们许多人缺乏流程或事情清单的原因），但它在一段时间内又很重要，所以它再次成为"霍斯特曼圣诞节规律"的牺牲品。

如果我们缺乏相关流程，就需要在做这件事的同时把流程也确定下来。这就意味着业绩表现会掺杂其他因素，使结果变得更难预测，使成功和失败的原因很难分离开。

但如果我们形成了一项纪律：对已知的事情，要求互相交流和跟进监督——即使是第一次、不完整的、缺漏的过程，也能帮助我们学习和成长。我们会知道自己做过些什么。即使无意中跳过了一步，至少我们也知道是哪里出现了疏漏。

所以，我们必须要把它写下来，要在内部发布传播经验。与候选人分享这些内容是不会错的，这样他们才可以帮助到我们。因为这是一个重要的、持续的过程，我们需要每次做完一件事就马上总结交流。

关注重点从弱点转向优势

入职管理中有一个简单但很重要的概念转换，那就是一旦你发出录用通知，**你就不能再关注候选人的弱点了。**

再回顾一下面试的目的：找一个理由说"不"。如果你说了"是"，而赞成方占了多数，反对方占了少数。你找不到说"不"的理由，那就后退一步，开始关注同意的理由。

在面试中说"不"的意义是为了在你的组织周边"建立一堵高墙"。每一个新员工都必须跟你现有的组织人员同样的优秀、甚至更棒。否则，你就会伤害组织。但这也向墙内的现有人员传递了一个信号，那就是他们未来的同事水平都很高。这既表示了尊重，更重要的是，让成功越过这堵高墙的新员工，在入职初期更有可能赢得新同事的信任和尊重。

作为一名管理者，你总是需要评估自己团队的优势和弱点。你会注意到一些失误，并将它添加到你对新员工的评估清单上。但那不应该是你的关注重点。如果你把这事当作了重点，你就会持续关注新员工的弱点或问题，还会把这些信息传递给团队的其他人。那就会妨碍新员工进入状态的进程，还会破坏他入职初期建立人际关系的努力。

一旦候选人同意入职，她就已经越过高墙了。她就是你团队中的正式一员。也许她是新来的，但她现在的身份已经不再是候选人了。也许她还没开始正式上班，但她确实进入你的团队了。嘿，还要注意，不要称新员工为"新来的"。这种影响会持续很长时间，甚至超过必要的范围。你所做的一切都只是在制造一个试用期考察的"假象"。但这对建立信任有帮助吗？

沟通和报告

把过程记录下来的一个好处是能更容易地沟通状态和报告进度。另外，由于"圣诞节规律"的影响（详见本书的前言），有时候记录的过程能够帮助团队成员记住什么才是他们应该做的。

也许最重要的是，你作为管理者要对所有的事情负责，但又不可能自己一个人去做所有的事情。如果其他人也参与了入职管理（他们当然是要参与的），能让你避免不断地去问他们是否做了应该做的事情。用一张智能电子表格或任何你正在使用的项目进度软件（功能不全，不会让很少使用的用户感到讨厌）就可以了。另外，让新员工每天做工作汇报也不是不可。

所有这些做法都能让每个人的入职体验有据可查。同样令人兴奋的是，因为现在我们就有了关于整个过程如何运作的数据。

这就意味着我们可以在 15 分钟内就进行一次专业的及时反思。如果我们足够聪明，一定会去现场做决定，要安排一个人，能在会议中实时记录编辑流程，把内容投到电视/大屏幕上，让所有人都参与进来。（也许这也是你的第一次共创。）

入职管理是招聘经理的责任，它并不复杂，只需要一些纪律和基本的监督和报告。仅仅让某人接受你的录用条件是不够的，你必须帮助这个人高效工作。这就是高效招聘流程的全部意义。

管理者工具箱的入职管理任务清单

对于管理者工具箱的授权用户，我们创建了一个可定制的电子表格，列出了超过 250 项可编辑任务，涵盖了入职管理的全部职责。你所要做的就是输入新员工的姓名，以及你所了解到的他们同意和开始入职的日期。电子表格会按时间顺序列出所有你能想到的关于新员工入职可能会碰到的各种情况。

一旦有了这个表格，你就可以轻松地浏览并删除那些不适合你的任务，并添加自己的任务及截止日期。每个任务都有与时间线相关联的截止日期。如果一个任务尚未到期，则该单元格会保留白色，并显示到期日期。如果任务将在未来的几天内到期，单元格则会显示为橙色。当你在单元格内输入"完成"，单元格就会变为绿色。如果任务过期了（截止日期已经过去），任务的单元格状态就会显示为红色。只要你打开文档，你就可以看到所有人的任务状态。

例如，图 25-1 显示了 2019 年春季招聘桑迪·丘吉尔的过程。

序号	阶段	日程	天数	任务	截止日期
				录用邀请与承诺	
1	结束招聘	录用通知		发录用通知。	已完成
2	结束招聘	录用通知		询问桑迪·丘吉尔是否还需要其他补充信息来做最终决定。	已完成
3	结束招聘	录用通知		告知桑迪·丘吉尔回复的截止日期（最长不超过两周）。	已完成
4	结束招聘	录用通知	3	电话/电邮/短消息询问桑迪·丘吉尔最新意向。是否还有其他疑问？我们急切希望你早日做出正确决定、与我们一起共事。再次提醒截止日期。	2019年4月21日
5	结束招聘	录用通知	6	如果桑迪·丘吉尔拒绝了邀请，深入了解具体原因。	2019年4月24日
6	结束招聘	录用通知	9	电话/电邮/短消息询问桑迪·丘吉尔最新意向。是否还有其他疑问？我们急切希望你早日做出正确决定、与我们一起共事。再次提醒截止日期。	2019年4月27日
7	结束招聘	录用通知	9	如果桑迪·丘吉尔拒绝了邀请，深入了解具体原因。	2019年4月27日
				候选人接受录用邀请后启动	
8	迎接	接受邀请	1	与桑迪·丘吉尔确认到岗日期。把日期输入第七行作为起始日期（如果时间仍然不确定，你可以先插入一个占位符）。	2019年5月4日
9	迎接	接受邀请	1	通知你的老板，桑迪·丘吉尔已经接受录用邀请。	2019年5月4日
10	迎接	接受邀请	1	通知HR，桑迪·丘吉尔已经接受录用邀请。	2019年5月4日
11	迎接	接受邀请	1	如果你上次招聘距今已经超过60天，请与HR确认相关流程是否有新的变化。	2019年5月4日
12	迎接	接受邀请	1	告知桑迪·丘吉尔，她的HR联系人是谁。	2019年5月4日
13	迎接	接受邀请	1	告知你的团队，桑迪·丘吉尔已经接受录用邀请以及她的具体入职日期。	2019年5月4日
14	迎接	接受邀请	1	如果你上次招聘距今已经超过60天，请与团队确认相关流程是否有新的变化。	2019年5月4日
15	迎接	接受邀请	1	通知IT部门，桑迪·丘吉尔已经接受录用邀请以及她的具体入职日期。	2019年5月4日
16	迎接	接受邀请	1	如果你上次招聘距今已经超过60天，请与IT部门确认相关流程是否有新的变化。	2019年5月4日

图 25-1　新员工入职管理任务清单

即使你打算从头开始创建自己的电子表格/任务列表，也最好能自己跟踪所有的任务，而不是把它们都移交给别人。否则，你会每天都在担心是否还有些什么事情是需要做的。

招聘不仅仅是面试。高效招聘意味着要帮助你的新团队成员尽可能快地实现高效工作。有计划、可衡量的入职管理对实现这一目标是不可或缺的。

附　录

面试指南	www.manager-tools.com

职位：行政助理	应聘者姓名：
部门：	已面试情况：
建档日期：2011 年 7 月 30 日	
面试官：	

面试指南内容概述（请不要在应聘者面前读出来）

面试指南旨在帮助你评估应聘者。下列问题来自于你或前任经理对这个职位的行为分析。我们给出了用以评估应聘者回答好坏的建议。

我们建议你严格按照给出的措辞来提问。当有多位面试官来面试一位或多位应聘者（我们也推荐这样做）的时候，这一点尤为重要。

请在提供的空白处做笔记。写下应聘者所说的话，而不是你的印象。这会帮助你在随后说明结论和决定的时候，分享基于应聘者行为方面的原因。

记住，要尽可能地展示友好态度，让应聘者放松。即使是要求很高的面试，也可以同时表现得彬彬有礼和友善。

介绍性发言（请将这部分内容读出来）

感谢您今天能来我公司面试。在管理者工具箱公司，我们使用行为面试方法。我接下来会问你一系列关于你过往经历的问题，以及你当时是如何处理这些问题的。一共有 10~15 个问题，总共可能需要一个小时，也许还会更久一些。如果待会儿有其他面试官也问你同样的问题，请不要感到惊讶。在我们这里，这是正常的。我们希望确保所雇用的每个人都具备与我们相同的成功品质。

面试过程中我可能会打断你、更多地了解一些情况。请不用担心，这也是正常流程。我还会做一些记录，请不要因此分散你的注意力。我们的流程是：首先我会问你一些问题，最后会留一点时间来回答你对我们的疑问。当回答完你的提问后，整个环节才会结束。我很高兴您能来，让我们现在就开始吧。

请介绍一下你自己。

观察要点：应聘者是否能够有条理地讲述自己的职业经历，内容是否连贯一致？讲述的经历与他的简历有矛盾吗？他能否说清楚为什么做某项决策的具体原因？这个决策的结果如何？

弱	强
内容不连贯、无条理。	故事清晰有条理，职业发展路径明确。
讲述经历不清晰或不相关。	讲述的经历与本工作相关。
无法描述做具体决策的考量因素。	决策逻辑清晰，即使结果可能不尽如人意。

记录：

问题 1:请讲述一段经历,你是如何成功地同时进行多项任务的。

观察要点:为了完成工作量,他做了哪些计划和布置?他仅仅是被动地做出反应,还是主动行为、聚焦重点?他的沟通是应变式的,还是把沟通任务作为工作职责的一部分来妥善处理?

弱	强
对于工作量分配缺乏计划。	对于同时开展多项工作有清晰的管理方法。
工作交付超期限、超预算。	按时按预算计划交付任务。
对于必要的管理行为表达不满。	定期、有技巧地与他人沟通。
缺乏带领和指导他人完成目标的行为。	运用团队管理方法,确保目标达成。

记录:

> **问题2**:请为我讲一讲你跟踪项目和细节的方法。你是如何评价自己在这方面的成就的?
>
> **观察要点**:项目的复杂程度?包含的具体细节?他是不是有明确的方法来跟踪这些细节?他管理多个任务时,处理冲突和项目优先序的原则是什么?
>
> | 弱 | 强 |
> |---|---|
> | 项目相对于本岗位来说过于简单。 | 项目对于本岗位要求来说,比较复杂。 |
> | 细节没有主动地、有方法地进行追踪。 | 有跟踪体系来确保绩效提升。 |
> | 缺乏管理冲突、优先序的方法。 | 有系统的方法来减少错误和延迟。 |
> | 当意识到危机时,才进行过程跟踪。 | 有办法提升组织学习和未来绩效能力。 |

记录:

问题 3：请为我讲一讲，你必须制定和监督具体项目计划和任务清单执行情况的经历。你是如何开展工作的？

观察要点：计划的详细程度？计划是否电子文档化、被有效执行，还是停留在纸面阶段？其他人能方便调用这些计划吗？它们可以在将来被复用吗？有没有成熟的迭代方法来让计划变得更完善？

弱	强
项目相对于本岗位来说过于简单。	项目对于本岗位要求来说，比较复杂。
追踪方式不适合项目的类型和体量。	追踪方式与项目复杂程度相匹配。
具体内容无法让其他人复用和共享。	追踪方式支持主动创新和完善。
跟踪无法发挥员工主动性。	具体内容可以让其他人复用和共享。
	描述了完善机制。

记录：

问题 4：请为我描述一下，你发现了一个特别重要的细节且必须把它的重要性告知同伴的情景。

观察要点：反应是否够职业？有没有过度反应？沟通采取什么方式？通知了哪些人，为什么通知这些人？他是如何发现这个细节的？后续有没有跟进？

弱	强
关注错误细节。	准备抓住症结。
没有及时做好沟通。	沟通的方式有助于传递信息。
告知对象错误。	沟通中考虑了对象的想法
信息没有被准确接收。	有需要的话，适当提升沟通等级。

记录：

问题 5：请为我讲一讲你必须准确遵循指导的经历。你是如何确保你的工作是准确的呢？

观察要点：应聘者采取了什么措施来确保完全理解指示内容？是写下来还是提问？他们采取了什么步骤来确保工作不偏离既定轨道？他们是否采取措施来确保最终成果符合预期目标？

弱	强
不记得指导内容。	做记录。
没有问问题或澄清。	提问进行澄清。
使得错误没有被纠正。	对问题和建议保持开放的沟通。
隐瞒失误。	验证前提假设。
	工作前，高质量地谋划。
	检查工作的精确性。

记录：

问题 6：请为我讲一讲你必须准时启动和跟踪一件事情的经历，你做了哪些事来保证工作的准时性？

观察要点：有没有建立流程来减少失误？或者他仅仅是"努力关注"。当变化发生或发现可能的错误时，他采取了哪些步骤？

弱	强
缺乏流程。	建立清晰的流程。
缺乏组织行为。	深思熟虑地实施流程。
产生系统性错误。	有自动纠错机制，进行开放性沟通。
纠错行为没有规律。	用外部资源来验证数据和工作。
拒绝为错误承担责任。	流程和结果有实效。

记录：

附 录

问题 7：请为我讲一讲，你通过与他人沟通交流建立了良好关系、改善了交情及产生成效的例子？内容需包括交流类型、频率、对象和内容。

观察要点：他是如何了解他人的？他们的交流是基于相互尊重，还是仅仅为了产生更好的成效？是否做了持续努力？沟通是为了达到某一个具体目的，还是表现出注重关系交往的生活方式？

弱	强
只关注潜在的成果而与他人交往。	拥有建立人际关系的策略。
没有持续地建立关系。	能清晰表述交际广泛的收益。
只有当自己有所求时，才联系他人。	先付出后索取。
无法呈现清晰的商业利益。	即使没有短期商业利益，仍然保持关系。

记录：

问题 8:请为我讲一讲你建立和保持的一段长期的有效关系,你是如何做到的?

观察要点:他是如何定义"长期"的?他采取了哪些措施来保持人际关系的活跃度?这种关系是互惠的吗——既有分享的意愿,又有收益?他们使用了哪些不同的沟通方式?他们如何用对他人有帮助的方法与人沟通?

弱	强
长期关系不足 1~2 年。	拥有维持人际关系的策略。
依靠他人主动联系自己。	付出而不强求获得。
不主动给予,只会索取。	多种不同的沟通方式。
用有限的方式与人沟通。	在不同公司/行业拥有人脉。
只建立内部关系。	展示不同的沟通风格。

记录:

问题 9：你使用哪些工具来确保自己的沟通是有效的？你能否为我讲一讲其中一种工具卓有成效的案例？

观察要点：他们沟通的思维过程是什么样的？他们是否能够根据内容和对象的不同来采取不同的沟通方式？他们如何针对不同的人和场景个性化定制沟通的信息内容？

弱	强
只会一种或有限几种沟通方式。	仔细计划沟通方案。
缺乏针对沟通对象的内容调整。	全面考虑沟通对象的差异。
缺乏沟通内容的策划。	根据计划、内容、对象进行预先的沟通排练。
只会单向灌输，缺乏灵活性。	
没有达到计划目标。	沟通达到有效成果。
	根据听众的问题，有针对性地回答。

记录：

> **问题 10**：请为我讲一讲你必须通过写东西来说服他人的经历？
>
> **观察要点**：所写的内容是否根据不同情境调整结构和顺序？有没有使用标准的模板？他们如何回顾和修改自己的作品？回顾是有计划的还是拖到必须要这么做的时候才开展？
>
> | 弱 | 强 |
> |---|---|
> | 写作内容和结构的谋划有限。 | 根据内容和目的，有清晰的文章结构。 |
> | 大量的语气、拼写、语法方面的错误。 | 仔细和反复修改。 |
> | 缺乏计划导致内容冗长。 | 鼓励多种形式的讨论来提升内容。 |
> | 缺乏清晰目标。 | 创作的时候考虑对象和时机的不同。 |
> | 过度使用不标准的词汇。 | 达成沟通目标。 |

记录：

个性化问题 1：你认为自己做这份工作的潜在不足是什么？

弱					强

记录：

后　记

你可能会觉得，我们建议你在招聘中要做的事情实在是太多了。我们会建议你尽可能按照我们所建议的那样去做。但如果你想先从某个方面开始，我们认为那就是开发行为面试问题。用那些问题来面试每个候选人。

接下来，把电话筛选质量做得更好一些，再要求两三个你的下属主管同样使用你预先准备好的行为面试问题来面试。然后，增加召开面试结果汇总会议。

综上所述，你可以在下次招聘时去尝试所有这些内容。虽然你不会在每个方面一开始都做得很好，但你会学得很快。在你用我们的方法面试了两三个或三四个候选人以后，你将会比世界上95%的招聘经理都做得更好。

在你最初几次使用管理者工具箱高效招聘工具软件的流程时，要记得及时反思回顾，哪些内容进展顺利，哪些内容是你需要再看一下以便下次做得更好的。如果你不知道该如何反思——也叫事后回顾或 AAR，我们有一个播客专题专门讲这方面的内容。

招聘是最重要的管理实践。

致　谢

我要感谢我的妻子朗达（Rhonda），她对我除了要忙管理者工具箱公司的日常工作之外还要额外写这本书，表达了充分的宽容。她是第一个阅读我手稿的人，并说内容很好，我想她肯定是对的。

非常感谢我管理者工具箱公司的所有同事。我们做的事情很特别，能跟特别的人一起做这件事，我感觉很棒。

特别感谢我的商业伙伴迈克·奥泽恩（Mike Auzenne）。在我忙着思考和写作的时候，能有你来帮我打理事情，我真的很幸运。

特别提一下我的同事温迪·洛德（Wendii Lord），她负责了我们的职场工具播客。温迪尤其了解招聘工作，我全靠她来进行研究和编辑。我还引用了很多职场工具播客中的原始素材。

最后，要感谢管理者工具箱线上社区的听众、注册用户、客户和顾客。我们现在每个月的下载量已经有 300 多万次了，你们中的一些人成为我们的听众已经 14 年了。我们非常珍视你能花时间向我们学习，我希望这份指南能很好地为你和你的组织服务。

关于作者

马克·霍斯特曼是管理者工具箱公司（一家管理咨询和培训公司）的联合创始人，他也是"管理者工具播客"（Manager Tools Podcast）的联合主持人。"管理者工具播客"是全球排名第一的商业播客，每月有超过300万次的下载量。几乎所有的财富500公司都是管理者工具箱的客户，包括苹果、通用汽车和Salesforce.com。该公司每年还会在世界各地培训数千名的管理者。

他还是亚马逊畅销书《高效管理者》（*The Effective Manager*）的作者，毕业于美国军事学院西点军校。在退役后，他在宝洁公司从事过销售和市场营销工作。目前，他住在加州的卵石湾。